U0993728

# 应变

## 应对快速变革100法

[英] 彼得 · 肖（Peter Shaw）著

译诺 译

中国经济出版社
CHINA ECONOMIC PUBLISHING HOUSE
· 北 京 ·

**图书在版编目（CIP）数据**

应变：应对快速变革100法/（英）彼得·肖著；北京译诺文化发展有限公司译．-- 北京：中国经济出版社，2022.9

书名原文：100 Great Handling Rapid Change Ideas

ISBN 978-7-5136-7023-4

Ⅰ.①应… Ⅱ.①彼… ②北… Ⅲ.①企业改革-研究 Ⅳ.①F271

**中国版本图书馆CIP数据核字（2022）第140796号**

100 Great Handling Rapid Change Ideas
© 2018 Dr Peter Shaw
All rights reserved. No part of this publication may be reproduced or transmitted in any form or by any means, or stored in any retrieval system of any nature without the prior written permission of Marshall Cavendish International (Asia) Pte Ltd.
Simplified Chinese translation copyright © 2022 by Banke Culture of Communication, Inc.
Simplified Chinese translation rights arranged with Marshall Cavendish International (Asia).
版权登记号：01-2022-3816

责任编辑 王西琨
文字编辑 汪银芳
责任印制 马小宾
封面设计 任燕飞设计工作室

**出版发行** 中国经济出版社
**印 刷 者** 北京力信诚印刷有限公司
**经 销 者** 各地新华书店
**开　　本** 880mm×1230mm 1/32
**印　　张** 8.25
**字　　数** 192千字
**版　　次** 2022年9月第1版
**印　　次** 2022年9月第1次
**定　　价** 48.00元
**广告经营许可证** 京西工商广字第8179号

**中国经济出版社** **网址** www.economyph.com **社址** 北京市东城区安定门外大街58号 **邮编** 100011
本版图书如存在印装质量问题，请与本社销售中心联系调换（联系电话：010-57512564）

**版权所有 盗版必究**（举报电话：010-57512600）
**国家版权局反盗版举报中心**（举报电话：12390） 服务热线：010-57512564

围绕通过快速变革实现组织的存续和发展，来自各行各业的合作伙伴们展开了深入的讨论，在此向他们表示感谢。

# 鸣　谢

围绕本书的构思，我的小儿子科林与我展开了一系列具有启发性的对话，我非常感谢他。科林曾在麦肯锡咨询公司担任顾问，他勇于挑战陈规，为本书带来了许多新的方法。我从科林清晰、深入的思考中受益良多。

在担任一些重大变革项目（包括教育、市中心重建、就业政策或税收改革方面的变革项目）的负责人期间，我曾与来自英国多个政府部门的许多人共事，我向他们表示由衷的谢意。其中对我影响最大的是那些为变革的需求感到兴奋的同僚，他们充满活力，拥有开放的心态及强烈的好奇心，愿意探索不同方法的效果。

作为教练，我曾与许多应对过重大变革项目或领导过转型项目的个人和团队共事，我向他们表示感谢。无论面对的变革有多么复杂或困难，我都希望能帮助他们看到变革带来的新生活和新机遇。

我要感谢普雷斯塔合伙人公司的同僚们，他们为本书贡献了许多实用的想法，而且一直在激发我的灵感。我要特别感谢保罗·格雷、希拉里·道格拉斯和乌纳·奥布赖恩的宝贵建议和观点。

感谢布赖恩·莱韦森为本书作序。布赖恩是一位擅长鼓舞人心的领导者。在我与众多领导者和团队合作的十几年里，他一直鼓励着我。

本书是“100 种理念”系列丛书之一。该系列丛书探索个人影响力、训练、团队效能、打造成功和领导能力等方向。系列书籍相辅相成，读者可以阅读自己感兴趣的方向，获得有用的洞见。

马歇尔·卡文迪许出版社的梅尔文·尼奥是该系列丛书的发起人。他一直大力支持我对该系列丛书的协作构思。迈克·施皮林是一位杰出的编辑，负责本书正文的编辑工作。

杰基·图基以她一贯的细心和效率负责本书手稿的打字工作。特雷西·伊斯特霍普负责管理我的日记，让我有写作的空间。杰基和特雷西非常出色地完成了支持工作，我非常感谢他们。

我的大儿子格雷厄姆和女儿鲁思经常与我讨论一些重要课题，比如哪些因素可以激励员工以及如何在令人不安的变革中让人们保持积极的心态。在此，我向他们表示感谢。我非常感谢我的妻子弗朗西斯一直以来对我写作项目的支持和鼓励。

# 序

对每位领导者来说，应对快速变革都是必修课。不可否认的是，变革领导者需要富有激情、拥有灵活的思维，并充满韧性，还需要能够激发他人的信心和热情。要想通过快速变革实现组织的生存和发展，变革领导者必须保持敏锐，并且坚持学习。

在快速变革面前，成熟的领导者会担心自己是否具备改变工作方式的能力和灵活性。他们应该虚怀若谷，保持敬畏，勇于在艰难时刻做出正确的决策。领导者必须明确行动计划，愿意做出艰难的决策，有勇气确保建设性的、可持续的变革得以实现。在变革过程中，他们必须有正确的心态，能够鼓励他人以长远的视角看待变革，使他人认识到变革是不可避免且有益的。

变革不会轻易发生。变革不是一帆风顺的，总会出现质疑变革的人。在变革过程中遇到问题是不可避免的，因此需要坚定地沿着既定路线前进，在出现合理担忧时也要进行调整。

那些成功和可持续的变革都是经过深思熟虑的，它们都拥有现实的时间表和一套可在多个不同层面运作的沟通策略。变革的最终目标和收益都是可以识别的。要以适当的方式描述变革的好处，让它更加有吸引力，而非仅限于削减成本。发起成功变革的关键是要有明显的进展，确保在变革的早期取得积极的成果。风险在于，如果看不到进展，人们就会失去热情。

近年来，我参与了英格兰和威尔士刑事法院体系的变革项目。取得进展的前提条件包括：明确的目标、在各个利益群体之间建立稳固的合作关系、进展的证明、从业者积极支持变革，以及与他人合作的意愿。

彼得·肖起初在英国行政部门担任总干事。后来，他与许多领导者和团队合作，在领导变革方面积累了丰富的经验。在过去的十几年里，彼得和我经常就领导变革以及领导力的各个方面展开启发性的对话。他对问题的理解非常深刻，并且能够进行清晰的阐述和解读，这非常可贵。

本书提供了一系列关于通过快速变革领导自己和领导他人的真知灼见。书中充满了实用的理念。我强烈建议所有正在应对快速变革的领导者和团队阅读本书。

皇家法院

王座法庭庭长

布赖恩·莱韦森爵士阁下

写于伦敦

# 引　言

在任何行业或国家，快速变革几乎影响到每个人。没有人能在技术、政治或文化变革中独善其身。没有任何领导者能够无视他们需要应对的变革。

胆小怯懦的人无法有效地应对变革。我们需要发现周围的变革力量，做好应对的准备。我们需要有积极的信念，相信任何变革不仅可以让我们更加了解自己，还能带来新的机遇。

本书旨在让读者以建设性的方式应对变革，并在变革中看到机遇，而不是威胁。要学习如何有效应对变革，关键是能够通过拓宽视野来解读自己所处的环境。我们需要认识到哪些态度或观念会阻碍我们应对变革，以及如何改变自我限制的视角（往往是自我毁灭的视角）。只有这样，我们才能取得进展。

领导你自己是有效处理快速变革的基础。本书的第一部分将讨论心态、通过变革实现发展、管理负面影响和借鉴别人的智慧。领导你自己包括对你的学习负责，发展自身能力和提高你的领导力。本书的第二部分着重讨论领导他人，包括在平衡愿景、变通方法和防患未然方面的问题。在这个过程中，需要你善于倾听、沟通和适应，还需要赢得支持、建立信誉和构建能力。

本书旨在为你提供一些实用的方法，帮助你领导自己和他人，建立对未来的使命感和好奇心。

本书的结构经过精心设计，你既可以通篇阅读，也可以从不同章节中获取实用的洞见。

本书包含一些领导者处理快速变革的假设案例。亚历克斯是一位运营经理，负责合并两家医院的项目。金是一个项目负责人，负责将欧洲的业务转移到印度。凯西在一家保险公司领导一个变革项目，目标是裁员 1/3。乔正在对政府部门占用的房屋数量进行合理化调整。海伦正在领导一个大型信息技术转型项目。鲍勃是市中心一个大型重建项目的负责人。这些案例都取自不同背景的变革领导者的真实经历，代表了变革领导者们的心理历程和实践决策。

成功应对快速变革的关键在于：你要知道如何既保持热情，又保持专注，而且能够接受新信息和想法。希望这本书能帮助你深入理解变革并建立韧性。

我相信，阅读完本书后，你会欢迎变革，愿意通过应对挑战实现发展。本书还可以让你完善变革的理由，抛弃过时的观念。我希望，无论处在什么情况下，你都有机会领导或促进持续、建设性的变革。

佳能教授彼得·肖·戈达尔明

于英国

# 目　录

# 应变

应对快速变革100法

# 第一章

# 心　态

# 1 知道自己走上变革领导者岗位的原因

当你清楚自己担任变革领导者的原因时，你才能对自己的角色和贡献有清晰的认识和充分的自信。

## 理念

无论你担任什么职务，你都要明确知道自己担任这个职务的原因，这是取得成功的关键。想要取得成功，你必须果断。也许是自告奋勇担任某个职务，负责处理急剧变化的工作；或者是时势造英雄，意外地发现自己需要背负原本不应背负的重担。

要建立正确的心态，要先明白是什么内在动力让你担任如今的职务的。只有找到了内在动力，才会对自己的方法感到自信。也许，你看到了这个职位带来的机遇，所以决定接受挑战。或者，你发现急剧的变化成了如今工作的一种常态，所以只能接受——即便你在当初接受这项工作的时候并没有预料到变化的程度会如此剧烈。

这个时候，你需要往后退一步，想清楚是什么原因让自己扮演如今的角色，然后决定以什么样的心态来履行自己的职责。你需要了解哪些因素可以增强信心并激励自己履行这些职责——只有这样，你才会感受到自己的贡献是值得的，并坚信这一点。

亚历克斯（Alex）在一家医院担任运营经理。医院突然决定合并两个部门，并让她来领导过渡工作。这个安排让她始料未及。刚开始，亚历克斯心里对此既理解又抵触，简直五味杂陈。自己之前所辖的部门要被并入另一个大部门里，这让她感到失望。她不知道自己是否能够应对这场计划中的重组所带来的不确定性，这让她感到焦虑。亚历克斯认识到自己必须建立一种积极的心态。为此，她需要摆脱对这场变革的厌恶之情。她努力了解这场组织变革的原因，在心里仔细分析了架构重组所带来的机遇。当向其他人介绍这些原因的时候，她坚信这个重组计划能带来很多好处。这样，她建立起了领导这场变革的充分自信。

### 实践

- 在领导或应对快速变革时，要坦诚面对你当前的心态。
- 仔细思考让你担任这个职务的内在动力。
- 通过自我对话，让自信达到足以解决焦虑的水平。
- 与其他人分享让你担任该职务的内在动力。

# 2 了解他人的期望

为了以最有针对性和最有效的方式推进你的工作，你必须了解他人的期望。为此，你可能需要调和不同关键利益群体的不同期望。

## 理念

针对什么是好的结果，你会有自己的假设，但取得进展的关键在于了解不同利益相关方的期望。为此，你可以先识别项目或活动的发起方或出资方的期望。他们为什么投入资源，想要达到什么结果？他们对质量和时间进度计划的期望是什么？对他们来说，质量和进度计划应该如何权衡？

已经写在规范或项目文件中的期望也许是明确的。但是，有的期望比较模糊，只能进行假设；这可能会造成误解，导致前功尽弃。只要你觉得期望不明确，就必须要求那些提供资金和人力资源的相关方更加具体地描述他们的期望。

对项目或活动抱有期望的利益相关方可能有很多。你会发现，在这么多的期望中，也许只有一部分人的期望能够得到满足。你必须了解这些期望的强烈程度，找到满足这些期望的方法，绝不能完全忽视它们。

你必须定期检查关键相关方的期望有没有发生改变。随着大环境的变化，这些期望可能已经发生改变，你却没有得到明确的通知。所以，你有必要时不时检查一下，相关方有没有在不经意间忘记通知你他们的期望已经发生了变化。

亚历克斯受命领导一个变革项目，负责管理两个部门合并的过渡阶段。她觉得有必要了解医院高层的期望。从财务方面考量，这个合并项目的理由非常明确，也比较有说服力。但是，她感觉高层还有许多其他期望，比如如何完成合并，以及项目最终的收益有哪些。

她明白自己必须花时间去了解不同利益群体的期望和恐惧，这样她才能全面了解不同相关方的期望。她发现自己需要把来自不同领域的人员集中起来，就项目的期望建立共识，明确最终目标并制订过渡性安排计划。

### 实践

- 在领导者们已经就需要的变革做出决策后，你必须明确他们的期望。
- 如果项目目标、质量和进度计划方面的期望不够明确，你可以要求相关方进一步明确。
- 如果你觉得期望不切实际，你可以让它变得更符合实际，也可以要求有更多的资源。
- 要把关键相关方聚集在一起，就各自的期望进一步取得一致。

# 3 做自己的进度晴雨表

做自己的进度晴雨表，这样才能保护自己不受其他人反复无常和偏见的影响。

## 理念

也许你周围有很多人会发表对进展速度的看法，也许你被一堵“沉默”之墙包围——人们要么保持沉默，要么忽视变革的必要。有些人渴望达到某种新的稳定状态，不切实际地希望项目能够快速推进，对细致的准备和协商没有耐心；有些人倾向于推迟变革，尽可能地维持现状；有些人可能会因为恐惧而忽视不可避免的变革。

为了获得其他人的支持，你需要了解他们是渴望还是规避变革。你需要对某些人有更多的耐心。而对其他人，你需要谨慎而有针对性地表达不满。

做自己的进度晴雨表，这样才能免受其他人反复无常和偏见的影响。如果你把自己看成进度晴雨表，你就能平衡各方期望和资源限制，对进度计划做出符合实际的评估。你要尽可能客观地评估其他人对进度的各种看法。关键在于，你不能被各种各样的观点迷惑。你对自己觉得合理的下一阶段目标要有清晰的认识，并制订现实的时间计划以实现这些目标。

有一群员工欢迎变革，他们认为合并可以提高设备的使用效率，这让亚历克斯感到高兴。这群员工甚至希望变革在几天之内就能完成，而不是几个星期。在肯定这种热情的同时，亚历克斯需要让他们认识到，在项目进入实施阶段之前，她首先得花几个星期时间制订一个详细的计划，涵盖新部门的方方面面。亚历克斯一方面肯定他们的热情，另一方面也非常清楚制订这样的进度计划的理由。

面对其他员工群体，她需要不断强调重组的好处。她必须刻意对必要的进度计划加强控制，不能因为有员工对此缺乏热情而导致项目延期。

亚历克斯需要面对不同的员工群体，因此更有必要做自己的进度晴雨表。她对数周内需要刻意实施的工作进行了大胆的预估。为此，她不断审查进度，确保自己的预估是现实的。有人把变革视为世界末日，也有人将之视为新的起点，恨不得变革马上到来。无论如何，亚历克斯的预估都是经过仔细斟酌的，不会受不同观点的影响。

## 实践

· 你要认识到，人们对变革的态度将以何种方式影响他们对进度的评估。

· 在回应不同群体的观点时，有时要保持耐心，有时要刻意表现不满。

· 仔细地分析证据，做自己的进度晴雨表。

# 4 识别并接受风险

你有必要明确潜在风险并知道如何应对。

## 理念

最近，我参加了一场讨论，主题是设立一个新的领导力硕士学位的项目。该项目已经得到批准，现在资金已经到位，大家迫不及待地想要启动这个项目并使其尽快投入运行。我认为，既要关注项目风险，也要保持大家的热情。我的目标是确保关注潜在的制约因素和不确定性。例如，由于拿到硕士学位需要长达两年的时间，有人可能中途放弃。不过，我们可以通过评估开设类似课程的其他高等教育机构来应对这种风险。

我的目标是关注关键风险，从其他地方收集证据，确定这些风险可能的严重程度。然后，我们需要制定应急措施来最小化此类风险的潜在影响。通过关注风险，确保我们采取更现实的方法。

比如，我们可以识别十个关键风险，仔细制订风险评估方案。在推进快速变革的过程中，这么做可以增加各方对变革的信心。

亚历克斯认识到，为了成功完成两个部门的合并，她需要建立积极的心态。同时，她也知道自己要谨慎地识别和接受风险。她花了好几个小时，把她认为最关键的十大风险和风险应对计划写了下来。然后，她和许多关键相关方讨论了这些风险。她制作了一张图表，评估风险的严重程度以及风险应对措施。她识别的风险包括：

日常服务中断、成本高于最初预期、员工不满以及对组织声誉的潜在打击。她必须保持清醒的头脑，确保对潜在问题设置早期预警。

### 实践

· 将风险管理视为优先任务，千万不要认为这项工作可有可无。

· 坦诚地识别和面对风险。

· 针对风险可能的严重程度以及应对风险的最佳方法，你可以请教别人。

· 借鉴类似变革的经验，了解风险发生的可能性以及如何应对风险。

# 5 接受不可避免的意外情况和冲击

无论你多么细致地规划和管理风险，都会遇到意外情况和冲击。你如何处理这些意外事件决定了你能在领导岗位上作出多大贡献。

## 理念

任何项目都会有意外情况和冲击。其他人会注视着你，观察你如何应对。你是退避三舍还是矢口否认？你是火冒三丈、责备别人，还是躲在角落里生闷气？在快速变革时期，你如何应对意外情况和冲击将会决定他人如何评价你的领导能力。

周围人期望看到你保持冷静，并谨慎地应对冲击。他们想知道你是否已经认识到某个意外情况或冲击的影响、有无能力对后果进行客观的评估。他们希望看到你可以调整自己的视角，不会因意外情况乱了阵脚。

在应对意外情况或冲击时，你的心理准备越充分，办法就越多。处理快速变革让你精疲力竭，意外事件的发生让你更加心力交瘁。因此，在应对意外时，你必须控制好自己的情绪，顾全大局。

一位重要支持者的突然辞职，让亚历克斯措手不及。起初，亚历克斯以为这位支持者离职的原因是不满自己的领导方式。不过，她很快就发现他是出于家庭原因辞职。知道真实原因后，亚历克斯松了一口气。但是，老板给亚历克斯看了另一名员工的投诉邮件。

邮件的内容让她震惊，她对此感到很失望。不过，她早就认识到自己有可能受到某些人的批评，所以已经预料到会有这种类型的投诉。虽然在刚看到邮件的时候感觉有点郁闷，不过她已经为这种批评做好了思想准备。

### 实践

· 记住你过去是如何处理意外情况和冲击的。

· 当意外情况或冲击发生时，了解自己的情绪反应，不要让自己情绪失控。

· 要认识到意外情况或冲击来得晚不如来得早。

· 与信任的人交流如何在受到冲击或发生意外情况的时候保持冷静。

# 应变

## 应对快速变革100法

# 第二章

# 通过变革实现发展

# 6 再接再厉

庆祝成功可以强化积极心态，还能创造动力。

## 理念

再高的墙也是用砖头一块一块地砌起来的。砖瓦匠会先设定某个特定高度，达到这个高度后就可以休息一下。在制订好计划并赢得支持后，我们要逐步地达成进度目标，从而成功实现特定的变革。

我们需要认可已经取得的成功，然后再接再厉，从而增强自己和团队的信心。因此，在取得一定进展的时候，我们可以庆祝一下，即便只是个简单的庆祝仪式。

我们要再接再厉，总结好的做法并应用到接下来的工作中。成功的项目都离不开持续学习。通过持续学习，你和你的同事都能不断进步。

起初，亚历克斯不愿意领导一个重大变革项目。她曾经需要鼓励，需要看到项目进展的证据。不过，在制订好计划后，她的方法得到了其他人的认可，自己也开始变得自信起来。她感受到了别人的信任，这让她自己的信心也充足了起来。她发现变革并没有让自己疲于奔命。相反，她可以通过变革提升自己。

同时，她也意识到必须保持周围人的士气和信心。在遇到艰难的情况时，亚历克斯知道自己必须不断认可同事们取得的进展。她会通过适当的方式认可同事们的贡献，鼓励他们继续保持对项目有利的态度和做法。

### 实践

- 将变革分解为一系列可衡量的进度目标。
- 每完成一个进度目标，给自己和大家庆祝一下。
- 从成功和失败中吸取经验教训。
- 用适当的方式认可和肯定别人的贡献。
- 确保下属的贡献能得到高层的认可。

# 7 避免过度疲劳

你把全部热情投入变革中，直到筋疲力尽。

## 理念

在专注于领导或促成重大变革时，我们会处于亢奋状态。成功实现变革会让我们感到兴奋不已。这种兴奋感能让我们保持充沛的精力和坚定的决心。充满激情（即使有时候激情过度）的气氛会让我们亢奋。

然后，我们可能会注意到有些同事出现疲劳的迹象。他们似乎正在变得意志消沉。在此之前，他们一直比较亢奋。如果变革的节奏很快，我们可能不会对这些同事表示同情。但是，有人过度疲劳可能是一个预警信号，表明我们自己也有出现类似反应的风险。在任何团队中，如果变革节奏非常快，团队成员就有可能感到疲劳。在快速变革的环境中，我们需要知道如何照顾好自己和同事。过度疲劳对项目和对我们自己的健康都是非常危险的。

亚历克斯的助手善于制定详细的计划，这让她印象深刻。但是，有一个星期刚开始，这名助手就显得不在状态。亚历克斯意识到她的助手已经过度疲劳，需要休息了。于是，亚历克斯让她休息一个周末。两天之后，她的状态就恢复了。亚历克斯把这件事当作一个预警信号，她需要照顾好自己，不要让自己过度疲劳。

亚历克斯意识到自己应该更有效地安排时间，这样她就不会为了应付别人的需求而疲于奔命。她需要留出时间用来提前规划工作。她需要更加重视按时下班，不要让自己每天晚上都在担心第二天要做的决策。亚历克斯意识到，与时间短、节奏快的项目相比，她需要找到管理长期项目的正确节奏。

### 实践

· 你要知道哪些情况会使你的肾上腺素上升，这样你就可以在一段时间内保持精力充沛。

· 在忙的时候，小心那些最消耗精力的工作，要限制在这些工作上消耗的时间。

· 提前思考并计划如何分配你的时间和精力。

· 在你有可能过度疲劳时，要注意休息。

# 8 管理你的情绪

我们的情绪既可以产生巨大的力量，也可以成为巨大的负担。管理情绪对成功至关重要。

## 理念

我们可以从情绪中获取宝贵的信息和早期预警信号。在感到兴奋时，我们知道有可能达成进度。在感到疲惫时，我们意识到有问题需要解决。在和别人对话时，我们发现自己没准可以和一位富有创造力的同事来场有针对性的交流。在对别人感到失望时，我们认识到双方可能在优先事项或进度计划方面存在分歧。我们有必要观察情绪，从中获取和人员有关的信息。

另外，我们也可能被情绪误导。我们可能因为喜欢某个人而无法尽可能客观地评估他们的言行。我们也可能因为不喜欢某个人而对他们的方法持有偏见。如果我们因为过度喜欢或讨厌某人而导致自己无法客观地评估进度和理性地分析问题，那么我们就需要对自己敲响警钟了。我们不仅要观察自己的情绪，也要对其进行管理，只有这样，情绪才能成为我们最大的助力，而不是潜在的负担。

亚历克斯意识到她可能对某些情况和某些人有负面的看法。她知道，如果让情绪驾驭自己，她是无法取得成功的。

比如，亚历克斯发现一名下属很讨厌她，因为自己说话尖酸刻薄，而且经常批评他人。有一天下班后，亚历克斯找到这位同事，开诚布公地提出她对待同事的方式有欠妥当。虽然这场谈话很有帮助，但是没有从根本上改变现状。亚历克斯知道她需要管理自己对这个人的负面情绪，否则他们的关系会变得紧张，从而对项目顺利完成产生不利影响。

## 实践

- 注意你对不同的人和情况的情绪反应。
- 从情绪反应中获取宝贵的信息，小心受到情绪的误导。
- 愿意与那些让你产生负面情绪的人好好谈谈。

## 9 知道如何管理压力

通过变革实现发展的关键是知道哪些因素会给你造成压力，以及如何管理你的压力。

### 理念

压力通常是好的。它让我们保持警觉，使我们能够在要求苛刻的情况下快速做出反应。但是长时间的压力可能导致过度劳累。我们要能够区分好的压力和坏的压力。比如，竞争可以让我们发挥出最好的一面。但是，过分关注竞争可能会让我们精疲力竭，而担心失败会让我们万分沮丧，进而形成巨大的压力。

有些进度目标必须达成，有的困难对话必须进行，这些都会给我们带来压力。在快速变革中，有的人往往丢掉饭碗，还有的人工作性质被彻底改变。这些情况都会带来压力。在做出艰难决策时，你必须知道如何管理这些无法避免的压力。

大多数人都有导致压力的某种模式。我们可以从很多方面找到压力的早期预警，比如睡眠质量下降、无法专注于重要工作，或者为了不想面对某些工作带来的压力而逃避这些工作。

为了在变革中实现发展，我们必须制订一个压力管理计划，来管理困难时期的压力。制订计划不是为了逃避压力，而是为了找到最佳的方式排解压力，将压力降到最低，如果压力表现为破坏性行为，就采取纠正措施。

亚历克斯发现，每当某个问题在她脑海里挥之不去时，就是压力过度的一个预警信号；每当她开始反复纠结某个问题时，她就知道这件事情让自己的压力过度了。在这些情况下，她需要把问题、让她觉得难以应对的原因，以及接下来需要采取的措施写下来。在明确这些因素之后，她认识到自己需要制订解决问题的计划，从而把这个问题给她带来的压力降到最低。

## 实践

- 认识到什么是好的压力，以及这些压力如何让你更有创造力和效率。
- 明确哪些因素会给你带来压力，以及如何最好地应对压力。
- 当压力即将过度时，注意你内心发出的危险信号。
- 找到管理团队压力风险的最佳方法，这样才能帮助团队通过变革实现发展。

## 10 不断重新点燃激情

知道如何保持激情是通过变革实现发展的关键。

### 理念

你的精力水平取决于很多因素，比如身心健康状况、对工作的投入、与同事的关系是否融洽，以及工作上的成就感。无论在工作还是在生活中，你都要保持激情。与同事保持高质量的沟通，得到工作上的激励，或者在项目推进过程中发挥的创造力都可以帮助你保持对工作的热情。在生活中，你可以多与家人和朋友交流，参加更多活动，保持对生活的热情。

要在快速变化的过程中保持动力和韧性，关键在于保持激情。为此，你需要在工作中腾出时间，与那些能够给你带来力量和决心的人交流。在生活中，你也要注重制订计划来保持对生活的热情。比如你需要通过正确的方式与他人交往，可以选择性地参与智力、情感、身体和精神方面的活动。要保持活力，你需要精神激励、情感支持和为家庭及社区作贡献的成就感。你还需要参加一些体育活动，保持身心健康。人的精力是否充沛可能与年龄无关，比如我今年虽然 68 岁了，但我的精力远胜 20 年前。

亚历克斯意识到她对工作的激情开始萎靡。这时，她需要停下来，让大脑休息十分钟，她还可以去找一两个曾经鼓励过她的人，与他们来场五分钟的谈话。她可以从这些人的快乐和积极的心态中重新获得力量。

亚历克斯审视了自己的业余生活。她知道，在参加一些剧烈运动的同时，她需要找人来场高质量的谈话，多进行休息和反思。亚历克斯喜欢打网球，是一个网球俱乐部的会员。该俱乐部拥有室内网球场，所以她一年中大部分时间都可以去打网球。对亚历克斯来说，网球就像是一剂良药，帮助她摆脱工作的压力。

### 实践

- 密切关注你的精力状况及其在一周内的变化。
- 注重专门腾出时间，与那些能让你重燃激情的同事交流。
- 计划安排业余时间，去做一些可以帮助你重燃激情的事情。
- 优先参加一些有助于身体、智力、情感和精神健康的活动。

# 应变

应对快速变革100法

# 第三章

# 处理分歧

## 11 清楚你的优先事项

你要清楚并不断重新定义自己的优先事项，这是成功管理变革的基础。

### 理念

在需要你来领导快速变革或在快速变革中扮演重要角色，以确保成功实施变革时，你必须清楚并不断更新优先事项。面对各方不同的期望和优先事项，你可能会觉得无从下手。也许，你会感到兴奋，还可能有点担忧。由于各方的侧重点不同，你必须解决由此产生的分歧。因此，你必须清楚并不断审视自己的优先事项，然后专注于完成这些优先事项。

要清楚你的优先事项，你需要知道哪些事情是只有你能做的，以及你能带来哪些特殊的价值。虽然你的优先事项可能来自那些比你级别高的人，但是你有权力调整这些优先事项的处理方式。你可以决定如何处理这些优先事项，以及如何让不同的人参与进来一起处理。

你要在重视优先事项和关注变更之间保持平衡，随着时间的推移，你需要调整优先事项。比如，最初，与某些人进行沟通的优先级可能比较低。后来，在这些人表达一些观点后，你发现他们其实是关键相关方，必须对其施加影响。回答"哪些事情只有我能做"这个问题时，你会发现有些特殊问题或相互关系只有你才能解决。

亚历克斯决心制订一个行动计划，并同意在六周内进行两个医院部门的合并工作，这一目标没有变化。她优先对计划的不同部分施加影响，坚持不懈地监控需要施加影响的相关方以及制约因素。她清楚自己有权推动高层人员同意交付达成总体进度计划所必需的工作。她保持着这种专注，将时间优先用在只有她能处理的问题上。

## 实践

· 为了确保成功实施快速变革，你需要清楚自己的优先事项。

· 你需要在成果交付与员工的承诺和动力之间保持平衡。

· 不断回答这个问题："在这种情况下，有哪些事情是只有我才能做的?"

· 愿意调整你的优先事项。一定要向其他人解释清楚你调整优先事项的方法和原因。

## 12 认识到你对他人的影响

你对他人的影响可能偏离你的预期，因此，你必须获得反馈。

### 理念

人们会通过各种不同的方式向你做出反馈——因此，不要假设他们的反馈方式会符合你的预期。受变革影响的人会从他们自己的视角来看待变革。出于对变革的期待或忧虑，他们的视角可能带有偏见；他们需要知道变革对他们的影响。也就是说，他们可能会按照自己的偏好理解你的言行并采取行动。比如，在他们眼里，你说话时的谨慎可能代表你不看好变革。在实施重大变革时，其他人会通过某种方式很快从变革领导者的行为中解读出非常具体的信息，而这些信息可能不是后者的本意。

你有必要询问同事，他们最想从你这里得到什么：你可以从中得到一些意料之外的反馈。也许，你觉得某人需要更多授权，其实他需要指导；也许，你觉得某人需要手把手地教，其实他需要的是授权。

在任何变革项目中，你都应该询问同事，他们最欣赏你的哪些贡献，以及他们希望你在未来作出哪些重要贡献。通过询问这些问题，你可以与他们开诚布公地交谈，消除误解。这样，你就可以知道需要以何种方式管理你对他人的影响。

亚历克斯感觉到，有的下属需要更直接的指导，有的下属则对此比较反感，觉得她管得太多。在过去一年里，有几名下属的能力有了很大提高，不再需要和以前一样的指导和支持了。她承认自己没有注意到这一点。他们不喜欢亚历克斯的指导，因为他们现在需要更多授权，而亚历克斯的指导限制了他们的发挥。

亚历克斯也认识到，她对一些重要合作伙伴的态度过于谦恭。在她的认知里，临床医生是最受敬重的。最近几个星期，亚历克斯发现，自己与这些资深临床医生的合作非常吃力，稍有不慎就会被他们无视。

## 实践

- 让信任的同事反馈你对组织内外关键相关方的影响。
- 通过多种方式对他人施加影响，并找到最有效的方式。
- 围绕你对同事们的影响力，开诚布公地向他们征求反馈，并愿意根据反馈调整你施加影响的方法。
- 定期审视你对特定同事的影响是否符合预期，或者你是否需要改变方法。

# 13 不要期望得到他人的喜欢或感谢

在进行快速变革时，你需要“厚脸皮”，因为许多直接受影响的相关方不太可能喜欢或感谢你。

## 理念

法官们知道，胜诉方会对自己感激不尽，但不太可能得到败诉方的感谢。在领导快速变革时，你需要有“厚脸皮”，因为许多直接受影响的相关方不太可能公开对你的工作表示感谢。那些有可能失去饭碗的人甚至会把你视为恶魔；在那些不确定未来的人眼里，你可能是末日和毁灭的化身。有些人在变革中看到了机遇，甚至会鼓励你采取激进的方式推进变革，但是大多数人可能会保持沉默。

你的老板也许会感激你。不过，他们毕竟身负许多人的期望，因此他们也许会忘记对你表示感谢。如果变革成功了，你可能会在事后得到表扬；就连曾经担心变革给自己带来负面影响的人最终也会感激你，因为这些变革迫使他们开拓新的视野。

我们大多数人喜欢得到他人的赞赏。但是，当你在管理变革的时候，你不能过于看重别人的认可。

亚历克斯和同事们相处融洽。但是，由于她现在肩负的权威和职责，同事间的关系就变得紧张了。亚历克斯意识到，为了客观地判断——同时让别人也觉得她的判断是客观的——她必须与同事保持距离。她知道担任这个职务无法马上得到大家的认可。短期内，同事们可能会保留看法。不过，只要变革成功，大家自然会感激她。亚历克斯意识到，这个角色迫使她减少了对他人认可的依赖。她知道自己必须有“厚脸皮”，而这份工作能让她的脸皮越来越“厚”。

## 实践

- 了解你对他人认可的依赖程度。
- 你可能无法在短期内得到他人的认可，但要接受这一点。
- 在这段时间内，你需要让自己有“厚脸皮”，减少对他人认可的依赖——这对你有好处。
- 即使没有人赞赏你的工作，你也要对他人的贡献表示感谢。

# 14 从失败中吸取教训

管理负面影响包括从失败中吸取教训。

## 理念

不是你做的每件事都能成功，你的一些努力会被人忽略或事与愿违。有时候，即使你做的事是对的，也可能得不到别人的认可；而有时候，别人之所以反对，是因为他们的怀疑是对的，所以你要改变自己的方法。你需要区分这两种不同的情况，并管理它们的负面影响。

在遇到失败时，你需要判断是坚持自己的方法，还是调整你的立场，并且承认你正在从失败中吸取经验教训，同时考虑别人的观点。

你既要坚定自己的方向，也要根据各种新观点进行调整。通过借鉴别人的经验，你可以找到自己哪里没有做对。

只要能不断积累，你就可以尝试不同的方法，并且在必要的时候及时调整。你可能认为，承认失败会成为一个污点。但是，如果大家看到你愿意从失败中吸取教训，而且愿意根据新信息和不同观点进行调整，他们反而会更加愿意跟随你。

围绕如何构建一个新组织，亚历克斯需要在各方之间建立共识。她认识到自己在这方面的经验不足。她曾经成功管理过一些项目，可以从中借鉴一些经验。但是，合并两个部门对她来说是全新的挑战。起初，她在做决定时过于犹豫不决，后来又变得过于遵循规范。亚历克斯一直在学习何时设定一个明确的方向，何时与他人沟通，就前进方向达成一致。

由于她的一项提议似乎忽视了一个群体的特殊关注点，亚历克斯受到了该群体的严厉批评。虽然觉得他们反应过度，但亚历克斯也承认他们的批评有些道理。经过沟通，双方解决了这个问题，没有让它扩大成分歧。通过理解他们的观点并且更紧密地合作，亚历克斯赢得了他们的支持。

## 实践

- 把失败视为宝贵的经验教训。
- 从成功或失败的做法中吸取经验教训，不断积累方法。
- 愿意承认你在不断学习，并且愿意与他人分享。
- 如果一种方法失败了，试着与别人合作，不要因为失败而相互指责。

# 15 坚持立场

有时，当周围的人迟疑不决或陷入混乱时，你必须保持坚定的态度，并坚持立场。

## 理念

一方面，我们需要倾听和沟通，因为我们希望充分了解人们的观点和偏好。通过倾听和沟通，我们可以准确地获知某些决定的潜在影响，还可以了解员工将以何种方式做出反应。在有必要进行变更时，我们希望能够随机应变。在收到新信息时，我们可能需要改变某些目标和方法。

另一方面，如果你已经全面权衡了你的方法，并且清楚需要达成的目标，那么你需要在某些时刻坚持立场，沿着既定路线继续前进。

有时，各个群体的担忧和批评可能同等强烈，却截然相反。当你置身于不同群体之间，真心诚意地致力于弥合他们的分歧时，坚持立场相对容易。但是，当你是少数派时，坚持立场就会比较困难，它可能会让你觉得痛苦，最终成为一次充满痛苦的经历。但是，当周围人犹豫不决，只有你自己坚持立场时，你需要突破痛苦的障碍。

亚历克斯的一位同事曾经是她的领导。这位同事认为亚历克斯的方法是错误的，这让她感到担忧。亚历克斯仔细倾听了这位同事的观点，发现她的担心没有充分依据。她理解这位同事的观点，耐心解释了她为什么要坚持自己最初的提议。亚历克斯对自己在这种情况下坚持立场感到惊讶。她仔细思考了这个问题，确信她的方法是正确的。几个月后，这位同事承认，亚历克斯的坚持是对的。

### 实践

· 记住，有时你需要调整自己的方法，有时你需要坚持立场。

· 当你倾向于坚持立场的时候，仔细思考这么做的理由，审视一下自己是否全面考虑了新数据和不同观点。

· 如果你认为坚持既定路线是正确的，那就明确这么做的理由，并且与持有不同观点的人开诚布公地沟通。

· 之后，你要客观地评估坚持立场是不是最理想的方案，如果再来一次，你会不会采取不同的处理方式。

# 应变

## 应对快速变革100法

# 第四章

# 借鉴别人的智慧

# 16 请教有经验的人

我们往往能从有过类似经验的人那里得到宝贵的意见。

## 理念

虽然每次变革都是独一无二的，但我们可以借鉴类似变革项目的经验。问题在于：你如何在借鉴经验的同时不受到这些经验的限制。在借鉴经验时，人们可能会不考虑现实情况，盲目遵循以前行之有效的做法。

在借鉴前人的经验时，你必须了解他们所处的环境，谨慎地辨别他们的经验是否适用。为了令人信服，有人在分享经验的时候可能会添油加醋，他们讲的内容可能没有完全反映实际情况。谁都会当“事后诸葛”，把一件过去的事情粉饰得比实际美好。

所以，在听人讲述成功变革的故事时，你必须从中找到真正有价值的信息。与其简单地听人讲述，倒不如问一些有针对性的问题，比如“你得到的三个重要教训是什么?”或者“你要规避哪三大陷阱?”

金受命领导一个把欧洲区部分业务转移到印度的变革项目。该项目的目标是降低成本，并保持相似的质量水平。对此，有人感到兴奋，也有人感到忧虑；欧洲区的人难免担心，将业务转移到国外后，公司可能会裁员，降低客户服务和质量水平。

金请教了一些曾在其他业务板块领导过类似项目的人。在他选择的人中，有的人顺利领导项目完成了过渡，有的人曾经遇到过重大问题。

在这些人的讲述中，他听到了不同的成功和失败之事。从这些人的经验中，他不仅找出了成功的先决条件，还了解了需要克服的主要潜在障碍。金之所以与不同的人交流，是为了不被一两个强势人物局限。

### 实践

- 花些时间去请教那些领导过类似变革项目的人。
- 想清楚你想问的问题，不要让他们为了自吹自擂而长篇大论。
- 兼听则明，从不同的观点中找到真知灼见。
- 把你从前人那里学到的关键点写下来，时不时对照一下自己的经验。

# 17 请立场中立的顾问进行观察和评估

---

由于你的观点受到你的希望或恐惧的影响，所以需要从中立的观察者那里得到独立的观点。

---

## 理念

当我在英国政府担任总干事时，我会定期要求对时间敏感的项目进行状态检查。这类项目总是存在这样一种风险，那就是项目负责人会告诉我他们认为我想知道的信息。对我来说，关键是听到一个独立（无利益关系者）的声音，让我确信进度是否正常，或者是否存在需要解决的问题。在独立的状态检查中，你往往能找出需要重新评估的假设条件，或者之前没有完全暴露的潜在风险。

在参与重大变革时，我经常让一位独立人士（无利益关系者）加入指导小组，负责观察那些没有得到充分应对的机遇和风险，并提供反馈。这名中立顾问可能来自组织内的其他部门——他得是一名独立的非执行人员，同时是一名状态检查方面的顾问或专家。重要的是，我们要选择一名在相关方面有丰富经验的顾问，他要有独立的观点，有能力对项目状态进行清晰、冷静的评估。

金决定请教多位立场中立的顾问的看法。他聘请了一名顾问，这位顾问曾经在金所在的公司和其他公司参与过类似的转型项目。他邀请这名顾问出席一些重要会议，然后就进度证明和员工的态度及积极性提供反馈。有一名年轻的同事即将担任新的职务，在那之前，她有四周的空闲时间。随着转型项目的开展，她被派去与一些人交谈，以获得对该项目的最新看法。

转型委员会包括来自该组织其他部门的几名非执行成员。金意识到这些人并不是完全中立的，因为他们会从公司其他部门的视角看待事情；但是，他们给项目带来了更多见解，有助于金对转型项目的相对成功程度进行评估。

## 实践

· 把独立视角视为必要，而不是可有可无的。

· 承认没有人是完全中立的，每个人都会从他们之前的经验出发看待事情。

· 明确给中立顾问的概要，这样他们就能知道你的具体要求。

· 不要过于依赖一名顾问的观点。在理想的情况下，至少要有两名拥有不同视角的顾问。

# 18 开展聚焦的辅导谈话

重点突出的辅导谈话能让你想清楚接下来的步骤，制订条理清晰的计划。

## 理念

高质量的辅导谈话可以让你专注于接下来的步骤，想清楚如何通过它们实现你的最终目标。在进入一场辅导谈话之前，你必须清楚自己想从谈话中提炼出什么。擅长提问的教练可以帮助你弄清楚，近期的经历如何影响你实现长期目标。有技巧的教练能帮你区分哪些是基本的和重要的，哪些是不断出现的干扰——这些干扰会阻碍你产生一直向前的动力。

在进入辅导谈话前，你得清楚想探讨哪些领域，还需要对新的见解持开放态度。你会看清如何把不同观点联系在一起，或者找到实现未来目标的方法。这时，你很可能会经历一个“灵光一现”的时刻。正确的辅导可以帮你总结新的见解，在心理和情感上找到新方向。

结束辅导谈话后，你需要想清楚接下来的步骤，由你自己或者教练把它们写下来，确保这场辅导谈话不会很快被遗忘。然后，你要在下一场辅导谈话中审视进展，看看上次的成果有多少得到了实施。

在接手这个转型项目后，金就开始了一个新的教练阶段。他把辅导课程视为“平静的绿洲”，它们可以让他达到身心合一的状态。教练的开放式问题让他得以在内心探索对项目目标的理解，并且回顾所取得的进展。辅导谈话让他从不同角度看待进展。在第一场辅导谈话中，他发现自己忽视了一些人。在辅导谈话中，他和教练深入讨论了这些人可能持有的观点，找到了与他们沟通的方法，以此确定其假设是否成立。

辅导谈话帮助金确定了不同优先事项的相对重要性。辅导谈话结束后，金对接下来的步骤有了更清晰的思路。每次辅导谈话结束后，他总能得到两到三个新见解，这些见解对下一阶段的成功至关重要。教练在每场谈话结束后进行的总结非常宝贵，这些总结可以作为核查清单，供他定期回顾。

### 实践

- 将辅导谈话列为优先事项，不要因为其他压力而取消。
- 仔细准备辅导谈话，告诉教练你想谈论什么和想促成什么结果。
- 在辅导谈话中保持专注，做到人在心在。
- 把辅导谈话的结果记录下来，定期回顾。

# 19 知道谁的判断可信

你有必要确定自己可以相信哪些人的判断。

## 理念

在领导变革项目时，你会听到各种各样的建议。许多人会争相表达他们的看法。你必须善于倾听不同人的意见，仔细考虑他们的立场。同时，你还要认可各利益群体的贡献。

在倾听的时候，你需要评估不同观点的重要性。你会发现，有些人看待问题的角度相当狭隘：他们的观点虽然有价值，但是有点片面。你也可能会发现，还有些人能从不同的角度看问题，观点也更加全面。

你需要判断谁的观点尤其重要，以及你可以相信谁。也许，虽然你觉得某人的观点很重要，但是你仍然感觉他们的视角不够全面。

围绕未来的可能性和影响，有些人会提供清晰的解释，他们能从不同角度看问题。这种能力令人信服，让你开始相信他们的判断。

在对别人的信任方面，你可以按照十分制进行打分，这个技巧相当有用。通过这个简单的方法，你可以找出三到四个你最信任的人。这些人就是可以和你开诚布公地讨论问题的人。你知道自己可以相信他们的判断，因此可以与他们开诚布公地进行对话。

许多人向金表达他们的观点。但是，金知道自己可以相信三位高级经理的观点。他能够与他们坦诚交谈，探讨不同的可能性和结果。金觉得这三位高级经理并没有一直强迫他接受某个具体的方向。他们能够洞察不同行动的后果和不同相关方可能的行为。事实证明，他们对未来措施的看法给了金很大的帮助。金可以邀请他们来场五分钟的谈话，开门见山地讨论某个具体的问题。他知道他们很快就可以给他中肯的建议，帮助他想清楚下一阶段应该做什么。

### 实践

· 清楚自己可以相信谁，以及应该对谁的判断保持谨慎。

· 找到咨询你信任的人的方法，包括开展简短、专注的谈话。

· 一定要对这些人的贡献进行认可。随着时间的推移，你可以让这种谈话成为双向的交流。

· 认识到你可能需要在有限的时间内就某个具体的话题征求某人的判断。当你担任不同的职务时，你可能需要找到其他一些人，与他们建立类似的信任关系。

## 20 从不同角度进行三角验证

随着转型项目的推进，你要认识到不同的利益群体对进展的看法。

### 理念

最近，我在温哥华的一所高校领导一个为期一周的项目。期间，我讲到做决策时要对不同观点进行三角验证，一些学生对此茫然不解。有一名学生解释了三角验证在航海中的用途是确定船只所处的位置和航向。

你也许认为自己正朝着一个特定的方向前进，并且能够到达目的地。但是，其他人则看到了可能阻碍你前进的岩石或暗礁。你也许清楚项目的总体预期目标。其他人也许和你有相同的说法，却对预期目标有着完全不同的看法。

对不同观点进行三角验证，意味着你需要询问关键相关方对预期目标、已取得的进展和前进道路上潜在障碍的看法。这可以帮助你检验自己的观点是否经得起推敲，以及其他人对该观点的理解是否正确。

此外，对不同观点进行三角验证也关系到你的个人贡献。你想知道在其他人眼里，你在哪些方面的贡献最大、哪些方面需要你作出最大贡献。你可能认为自己需要在某个方面作出贡献，但是当你与他人沟通时，才发现他们可能觉得你的主要贡献并不在于此。

金专注于让大家同意变革管理计划的细节。但是，在与不同利益群体的对话中，他们告诉他需要与印度区和欧洲区的主要高管沟通，争取让他们参与到项目中来。金一度认为他们的默许意味着同意。在该项目中有重大利益的其他群体则坚持认为，金需要公司高层更加深入地参与到项目中来。

随着项目的推进，金不断让那些在项目中有既得利益的人评估他个人的贡献。通过这种三角验证过程，金确定了如何以最有效的方式将他的个人贡献集中起来。

## 实践

· 清楚地阐述你的方法和接下来的步骤，让别人知道你的出发点。

· 随着项目的推进，你需要请其他关键利益群体清晰阐述其观点，这样你就可以和其就不同观点进行开诚布公的对话。

· 坚持倾听各种观点，这样你就可以通过不同视角进行三角验证，而不是让持有两种相反观点的人产生分歧。

# 应变

应对快速变革100法

# 第五章

# 不断学习和成长

# 21 强化你的优势

无论具备什么优势，你都可以进一步强化它们。

## 理念

在工作中，每个人都有自己的优势。我们得到某个职位，也许是因为我们的能力得到了其他人的认可，还可能是因为其他人认为我们具有这个潜力。最好的招聘者通常更重视你做事的态度和方法，而不是技能。他们认识到，一个人成功的关键在于他具备积极和正确的心态。只要有这些，他很快就会成长起来。

当你走马上任的时候，应该清楚任命你的人看中了你的哪些优势。在这方面越清晰，你就越容易聚焦于如何发挥你的这些优势和潜力，然后评估所取得的进展。其他人可能在你身上发现一些你以前可能没有充分挖掘的潜力。从你与他人互动的方式中，他们可能看到你有发挥个人影响力和影响技能的潜力，而你自己可能没有意识到这些潜力。

在同一个变革项目上，在与各式各样的人合作的过程中，你可能通过新的方式做出贡献。你可能会对自己能做出的贡献感到惊喜。关键在于，你要享受在自己身上看到的进步，并不断积累向他人施加影响的方法。

在会议中，金说话总是轻声细语，而且经常在快结束时才发言。他之所以被任命为这个转型项目的负责人，一定程度上是因为他在倾听和影响方面的技能。金发现，与之前相比，现在其他人希望他能在会议开始时发言。渐渐地，他开始乐意在会议开始时表达自己的观点。他观察到，大家都会认真倾听他的发言，并受到他的影响。有时他们也会争论，并且不同意他表达的观点。金认识到这远比让别人忽视他的观点要好。

金的老板也鼓励他坚持在会议开始阶段发言，而且要更直接地表达自己的观点。金很感激这个建议，因为这帮助他增强了影响他人的能力。金还认识到，要影响他人，前提是他能很好地倾听，并准确地总结听到的观点。

**实践**

· 当人们发现你的优势时，相信他们。

· 承认自己的优势，不要过于谦虚。

· 在新的环境中发挥你的优势，但是不要操之过急。

· 当人们认识到你的潜力时，相信他们，然后不断增强你的这些潜在品质。

# 22 定期回顾

学习过程的核心在于定期回顾以及不断重新评估你的能力和目标。

## 理念

爬山时，你需要不时回顾一下你的进度，这非常有帮助。回头看，你可以看到自己已经爬了多高；向前看，你会看到等待你攀登的山峰，你知道自己已经取得了很大的进展。当我和家人一起在秘鲁的马丘比丘小径徒步的时候，我们知道必须时不时停下来恢复体力。向上的阶梯似乎没有尽头，但是每次停下来休整，我们都会为征服下一百级阶梯做好准备。

长距离的攀登需要消耗大量体力，因此有必要停下来做短暂的休整，为继续前行做准备。在忙碌的工作中，我们可能无暇回顾已经取得的进展，这是一个风险。我们坚持不懈地关注紧迫的工作；但是，只有停下来回顾之后，我们才能审视已经取得的进展。在定期回顾时，我们需要审视已经完成的工作和我们的工作方法。或许我们会觉得前路漫漫，但是在看到自己在短时间内取得的巨大进展时，我们不禁会大吃一惊。

我们必须建立不断学习和成长的心态。我今年已经 68 岁了，还在学习与人们沟通和激励人们的新方法。如果学习新知识不再让我感到兴奋，那就是我停止教练和教学生涯的时候。

过去几年里，金成了一个“反馈迷”。他不停地问别人：“我应该使用什么样的方法?”他愿意让别人帮助自己提高，他的这种开放姿态受到很多人的赞赏。这并不意味着金必须接受别人的观点，也不代表他必须把他们推荐的方法付诸实践。金认识到，他需要告诉别人他尝试了哪些方法，以及他会在多大程度上借鉴这些方法。金也发现，并不是每个人的反馈都有用，他需要筛选人们的建议。他还认识到，反馈对建议者和接受者同样重要。

**实践**

· 根据具体情况谨慎地评估哪些方法有用，哪些没用。

· 定期留出时间来回顾学习和发展的进展，与几个值得信赖的人分享你的观点。

· 当你的学习进展不如预期的时候，不要责备自己或他人，要认识到出现不如意的情况是不可避免的。

# 23 不断提升你的自信

能力和信心是相辅相成的。能力是提升信心的基础，信心可以促进能力的提高。

## 理念

我们的信心会随着我们的进步而提高；但是，在错误解读形势或他人时，我们可能会失去信心；我们的信心可能要比别人想象中的脆弱。为了不断提升自己，我们必须知道哪些因素可以给我们带来自信。

你要知道自己的信心之源：你的信心可能源自过去的经历、内心的信念或他人的认可。从过去的经历中，我们知道哪些因素会削弱自己的信心，以及如何在信心不足时把事情处理好。

有时，由于对自己缺乏了解，我们会觉得对某些事情缺乏自信。但是，事实表明，我们完全有能力把这些事情做好。我们需要不断审视让自己有信心和缺乏信心的情况。在某些情况下，我们会觉得信心不足。有时候，我们需要刻意让自己在艰难的境地中历练，而这种境地在以前会让我们感到没有自信。通过不断面对这种处境，我们可以加深对自己的了解，知道自己在哪些情况下会有些信心不足，在哪些情况下会信心百倍。一定程度的自我怀疑能帮助我们避免过度自信，因而不会陷入准备不足的陷阱中。

金知道，在与高层打交道时，他必须变得更加自信。他认识到自己必须利用稍纵即逝的机会，通过引人入胜的方式，在高层面前把事情讲清楚；他必须学会以专注、清晰和令人愉快的方式做“电梯推销”。他明白人与人之间的情感联系和思想上的投入一样重要。

他要让高层觉得和他谈话是有价值的、引人入胜的和愉快的。因此，金主动与高层进行简短对话，向他们汇报他认为有用的信息或见解。通过这种方式，他找到了一种与高层沟通的方法，并且越来越自信。这种沟通方法帮助他赢得了高层的支持。

## 实践

· 你需要不断审视让自己有信心和信心不足的情况。

· 刻意让自己处于缺乏信心的艰难境地，并为此在思想上和言辞上做好准备。

· 你要认识到自己的信心可能没有外表看起来那么强大。

· 把让你感觉过于自信或信心不足的情况记录下来，这些情况可能和你对自己的认知不一致。

# 24 注重掌控方向而不是亲力亲为

在别人最需要我们周密、果断地做出指导时，我们往往会忍不住亲自上阵。

## 理念

我曾与一位处于成长阶段的领导者共事。他认识到，领导就像划船，掌控船的航向比亲自划桨更加重要。之后几年内，这位领导者一直牢记这一点：他后来成为英国一个政府部门的常任次官兼负责人。我们也许非常擅长具体的工作，享受完成这些工作带来的畅快感。但是，别人最需要我们做的是掌控前进的方向，确保他们在工作中所付出的努力能产生有价值的结果。

在任何变革计划中，我们都要处理许多细节、制订许多计划、完成许多计算以及开展许多对话。我们已经非常擅长处理细节，这也是我们能够担任领导者的原因所在。但是成为领导者后，我们需要掌握一种不同的、更具战略意义的技能。我们必须从细枝末节中走出来，开始统揽全局，有能力影响项目的方向，确定正确的前进路线。

相比于实施转型，花时间思考未来的方向似乎并没有那么重要。但是，在前进道路上难免遇到一些艰难险阻。我们必须退后一步，看清项目的前进方向，这样才能带领项目组克服艰难险阻。

金知道他应该重视前瞻性规划。但是，在各种群体的要求下，他被迫处理一些细节性工作。他发现自己忙于应付紧急事项，忽略了真正重要的事情。在他办公室附近有一个小公园，里面有一张长凳，可以俯瞰一个小山谷。当需要脱离琐事纷扰时，他就会去那个公园，坐在长凳上眺望山谷。这种壮阔的景象让他意识到自己必须重视统揽全局，绝不能被细枝末节束缚了手脚。他经常告诉自己，首要任务是掌控整个项目的方向。作为项目的总负责人，他可以安排其他人去做细节性工作。

### 实践

· 承认亲自完成细节性工作可以让你有成就感。

· 在掌控和明确战略方向时，找到什么时候自己处于最佳状态。

· 鼓励其他人监督你，如果你花太多时间做细节性工作而忽略了掌控方向，要及时提醒你。

· 仔细思考如何分配你的时间，要留出时间处理重要事项，而不仅仅关注紧急事项。

## 25 不断拓展你的理解边界

永远不要停止理解和赞赏他人的观点。

### 理念

我每年都会在温哥华的维真学院待一段时间，为环太平洋地区的领导者们教授为期一周的课程。这些人拥有不同的文化背景；他们的各种观点非常有启发性；他们拥有不同的经历、抱负和对事物的理解，这些都不断拓展着我的理解边界。

我们应该不断自问，如果站在别人的立场，我会怎么想？如果你需要和来自世界各地或者有不同文化背景和视角的人一起工作，你就必须学会站在别人的立场上思考。我们的方法和理解可能比较片面，自己却浑然不知。在任何组织中，我们都必须理解他人的立场，千万不要想当然地以为大家的想法都是一样的。

为了不断拓展理解边界，我们还要尽可能地了解新技术带来的机遇。有时，最擅长使用信息技术的反而是那些刚退休的人。所以，不管是 70 岁的老者还是 20 岁的年轻人，都应该抓住机遇获得新的认知。

金认识到，他需要不断拓展理解的边界，了解欧洲和亚洲文化在应对组织变革方面有何不同。他发现，在对大环境的理解和使用的语言方面，两种文化可能存在差异。他努力分析不同文化对不同方法和语言的理解方式。

为了拓展自己的理解边界，金努力跟上技术变革和市场发展的步伐。他还寻求能更清晰地了解世界各地的个体和团队对不同工作方式的看法。他喜欢了解不同国家的人对不同概念的理解方式，以及他们发展建设性行为的方式。项目结束后，金回顾了自己了解到的文化差异，他发现，自己的最大收获在于对边界拓展的理解。

## 实践

- 愿意站在别人的立场上，充分理解他们的观点。
- 乐于了解不同文化背景的人和群体的观点。
- 注重了解人们的文化背景对他们最有效工作方式的影响，并主动与他人分享你的理解。
- 不断拓展对不同人的方法和行为的理解，并享受这个过程。

# 应变

应对快速变革100法

# 第六章

# 管理你的能力

# 26 敏捷应对情况变化

初始目标或进度计划出现变更是不可避免的，我们必须接受而不是厌恶这些变更。

## 理念

军队里有一句名言，“计划毫无价值，但计划就是一切”。环境总会发生变化，因此你的目标也要不断变化——“计划赶不上变化”。但是，通过制订计划，你可以明确项目的制约因素、假设条件和优先事项。通过与各相关方沟通，你可以与他们相互理解，使你能够快速应对不断变化的环境，并在调整目标时获得他人的支持，而不是反对。

在规划实施重大变革时，你需要仔细思考如何应对将要变化的情况。某些潜在的、已发生改变的情况是可以提前识别的。但是，还有些变化是不可预期的。针对已经变化的情况，你必须与相关方展开深入的探讨。

优秀的运动员善于适应不断变化的情况。根据天气条件和竞争对手的变化，他们会做出相应地反应。在领导变革项目时，你不可避免地要与行为难以预测的人打交道。你可能已经与这些人建立了某种特殊的关系，但是一旦发生你无法控制的事情，这些人的优先事项就会发生变化，他们的合作意愿也会降低。

保持敏捷，要求你在达成目标和适应关键相关方之间保持平衡。

金一度以为印度业务部门会同意项目实施的进度计划。但是，由于印度业务部门其他业务的财务回报低于预期，所以他们希望尽快把业务从欧洲转移到印度。最初，金不想接受这个变更请求，因为它不在最初的计划之内。但是，他了解了印度业务部门提出变更的原因之后，发现有办法让进度加快一点，前提是他能与欧洲部门达成一致。即使变革的进度达不到印度方面的要求，但是可能比最初的计划要快。

**实践**

· 即使计划必须改变，也要重视前瞻性计划。

· 关键相关方因为情况变化请求变更计划时，你要全面了解原因，灵活处理。

· 你必须保持敏捷——但是不要被不同利益方随意摆布。

# 27 坚持投资你的技能

不断学习和提升你的技术和人际关系技能。

## 理念

永远不要停止投资自己的技能和能力。技术进步的速度不断加快，我们一不小心就会跟不上时代。组织中需要有人了解变革的前沿信息技术，否则我们很快就会变得过时。面对快速变化的法规，我们必须跟上监管要求的变化，对财务合规的重视不能打折扣。因此，你和你的组织需要拥有过硬的法律知识和会计技能，这样才不会受到处罚。

投资技能不仅仅包括提升技术能力，我们还要了解神经科学和心理学领域的发展。这样，我们才能理解人类动力学和新医学见解对决策和行为的影响。

最优秀的领导者善于借鉴类似经验教训，他们从不认为做事情的方法只有一种。他们乐于和处于相似动态环境中的人交流。最宝贵的经验教训通常来自工作跟随或学习环境——在这些环境中，人们合作解决共同面对的问题，学习彼此的方法。

金和另外两个人建立了相互指导的关系。这两个人在该跨国公司的其他业务部门担任着和金类似的职务。

他们经常通过 Skype（一款即时通信软件）视频聊天，坦诚地谈论各自面临的问题。金曾经在一所大学的商学院上过为期三周的发展课程。课程中，他可以与负责类似变革项目的领导者们面对面交流。对金来说，案例研究和策略分享可以帮助他理解技术、改善影响关键相关方的方法。

但是，他很难保证有足够的时间用于个人能力的提升。除了在目前的岗位上做出成绩，金还要让领导看到自己的能力和领导力在不断提升，这样才能在未来担任其他职务。所幸，公司高层看到了这一点，这让他得以在提升自己的能力方面进行投资。

## 实践

· 找到值得你学习的人，花时间与他们交流。

· 与两到三个人建立相互指导的关系，确保这种指导是双向的。

· 有选择性地参加领导力提升活动，确保这些活动能够提升你的技能和理解力。

· 提升人际关系理解力和领导力与提升技术技能同等重要。

· 了解神经科学领域的最新成果。

# 28 控制对弱点的焦虑

我们可能过于担心自己的弱点被人发现，因为这会让人觉得我们不够格。

## 理念

我们难免担心自己的弱点。我们许多人患有“冒充者综合征”，害怕别人发现自己的弱点。这种恐惧可能根深蒂固，它的源头可能来自我们的家庭或学校经历。但是，现实情况并没有我们担心的那么糟。

你必须清楚自己的不足，也要知道有很多方法可以弥补这些不足。比如，如果你缺少某些技能，那就找到拥有这些技能的人并与其合作。你也可以逐步提升自己的弱项。当然，你也要清楚自己的哪些能力比其他人强。

关键在于，你要找到某种方法，要么弥补你的弱点，要么管理这些弱点。千万不要因为担忧和恐惧而陷入焦虑，极度的焦虑会让人虚弱和疲惫。当焦虑达到一定程度时，你就要去看心理医生。我们可以通过一些方法来认识并缓解焦虑，比如做一些我们擅长的日常工作，不要让焦虑影响到生活的其他方面。

每次与老板见面，金都害怕暴露自己的弱点。其实这种担忧没有必要，因为金的老板一直很支持他。金认识到自己必须克服这种情绪。所以，每次与老板开会前，他都会做好充分准备。金会对与老板的会面进行全面细致的规划，因为他觉得如果能在支持自己的老板面前控制这种焦虑，那么将来即使遇到不支持他的老板，他也会做到这一点。

金认识到，在需要与高层开重要会议的时候，他需要训练自己的大脑进入“机遇”模式，而不是“害怕”模式。为此，他会想象自己把这种面对高层的焦虑放到一个盒子里，然后锁上那个盒子。总有一天，他会有足够的自信把这个盒子从陡峭的悬崖上扔下去，但是目前还做不到。

### 实践

· 客观看待你的弱点，征求其他人的看法——对于你的弱点，这些人可能有更积极的看法。

· 明确那些可能让你不知所措的焦虑。

· 制定策略来管理你的弱点，这会影响你招募哪些团队成员、关注哪些优先事项，以及如何提升自己的短板。

# 29 网罗人才

没有人具备领导变革项目取得成功所需要的所有技能。

## 理念

最初，你可能觉得变革项目的所有工作都需要自己来完成。后来，你意识到自己的工作是招募合适的人，把他们整合成一个团队。你要寻找拥有不同技能的人，激励他们为一个共同的目标通力合作。

如果你擅长技术，那么你可能需要招募一些擅长沟通的人。如果你擅长总结要点以及在沟通中说服并激励别人，你就要找一些擅长技术的人才。这样，你的分析才能有充分的依据和说服力。

以你自己为模板招募人才会是一场灾难。如果每个人的思维方式都和你一样，那么你的团队使用的方法可能是单维度的。在团队中，你需要有人愿意贡献不同观点，还需要有人擅长挖掘团队成员的潜力。你希望大家能够坦诚、建设性地进行辩论。你要定下基调，确保团队成员尊重彼此的不同观点，并且就前进方向达成一致。

金认识到自己擅长的技能是项目管理，但是在财务管理技能方面有所欠缺。因此，他找来了一名年轻的会计师。

金给了他充分的授权，让他有权参与所有工作以及制定财务纪律。金发现这个年轻人很有潜力，准备培养他，就像他的老板当初培养自己一样。金经常对这位会计师的贡献表示赞赏，但是当他认为这个年轻人在工作上的有效性和熟练度不如预期的时候，他就会向他反馈。

针对存在分歧的事项，金鼓励大家开诚布公地讨论。金采取了一种建设性的态度，希望大家坦诚和建设性地讨论这些事项。一旦达成一致意见，大家就能在落实的过程中保持一致。

## 实践

- 重视招募一些拥有不同看法和经历的人。
- 认识自己的技能短板，然后招募擅长这些技能的人才进入你的团队。
- 要求团队成员提升他们的能力，就像你努力提升自己的能力一样。
- 要求团队成员们在行动上保持一致，鼓励他们就不同方法展开辩论。

# 30 知道如何保持坚定和谦虚

坚定和谦虚是相辅相成的，它们之间并不矛盾。

## 理念

最优秀的领导者既有坚定的意志，又保持谦虚。为了达成目标，他们的意志坚定，并且擅长挖掘团队成员的最大潜力。同时，他们也虚怀若谷，善于让各方为项目作出贡献，并且承认这些贡献的重要性。

意志坚定的人拥有明确的意图和现实的目标，擅长建立合理的期望和行为模式，并且通过高效的沟通得到别人的认可。谦虚的人会借鉴他人的经验教训，会肯定各方的贡献，擅长从失败中吸取教训，并且乐于倾听，从不贬低对手。

你必须在坚定和谦虚之间保持平衡。为此，你需要有良师益友，并且乐于纳谏如流。所谓近朱者赤，近墨者黑，你要和那些实事求是和谦虚的人交朋友；你要有正确的价值观。这样，在你升职的时候才不会被权力冲昏头脑。为了在坚定和谦虚之间保持平衡，你需要做出很多选择。作为一名领导者，你需要平衡自己获得的权限，以坚定又谦虚的态度履行你的职责。

金认识到，要领导一个转型项目取得成功，他既要坚定地推动变革，又要谦虚地倾听别人的观点，并与他们进行沟通。他要足够谦虚，这样才能利用各方的专业知识；同时，他也要足够坚定，这样才能做出关键决策，领导项目取得成功。他必须平衡坚定和谦虚，这迫使他成为一名擅长进行艰难决策的成熟领导者。他对自己的领导能力越来越自信，并越来越善于激励人们克服挑战。

## 实践

- 找出那些擅长平衡坚定和谦虚的人。
- 承认自己在哪些方面需要更加坚定。
- 知道如何谦虚地倾听和高效地沟通。
- 做好向别人介绍你如何在不同情况下平衡坚定和谦虚的准备。

# 应变

## 应对快速变革100法

第七章

# 提高你的表达能力

# 31 我为什么在这里

你需要定期审视自己担任某个职务的理由以及人们对你不断变化的期望。

## 理念

为了坚定决心和维持动力，你需要不断审视自己担任某个职务的原因。在你接受这个职务时，别人可能已经向你介绍了这个岗位的职责，或者在应聘那个职位的时候，你就已经说服了自己。如果你成功通过了面试，你很可能已经提供了令人信服的理由，向别人介绍你为什么想应聘这个职位。但是，你用来说服自己的那套说法没准已经过时了。你之所以仍然坚持这套说法，是因为你认为它当初是对的。

当被问及为什么担任某个职务时，你下意识的回答也许会给自己启发。如果你的本能反应是这个岗位带来的机会能让你一展抱负，那么你的这套说法没准能让你带着热情和期望去完成工作。但是，你下意识的反应可能是觉得做这份工作是为了糊口以及让自己有事可做。这种回答很坦诚，但是比较消极，这表明你对现状并不满意，你需要重新审视让自己做这份工作的正面原因。

在参与快速变革项目时，你难免要平衡满足高层的期望和变革对自己的影响。你从变革中看到的积极因素越多——比如，变革最好给你带来一些潜在的机遇——你的说法就越有说服力。

围绕自己为什么担任合并项目领导者的问题，亚历克斯认识到自己需要不断更新用来说服自己的那套说法。她不断提醒自己和其他人这次合并的好处。她坚持与人交谈，并善于采取正确的方法影响这些人。她觉得这些工作都是有价值的。别人的反馈使她意识到，即使自己的一些提议遭到批评，自己的工作也是有价值的。在感到沮丧的时候，她会在脑海中品味别人对她的积极评价。她会不断更新和肯定让自己担任变革领导的那套说法。

### 实践

• 记住领导为什么让你担任现在的职务。

• 基于别人的正面评价，不断更新让你担任变革领导的那套说法。

• 向别人阐明你的贡献能带来哪些好的结果。

• 不要觉得自己是变革的受害者，不要认为自己很少有或没有机会作出有建设性的贡献。

# 32 我关注的是什么

不断重新评估你的关注事项是领导转型项目取得成功的关键。

## 理念

你需要不间断问地自己两个问题："我关注的是什么?""我应该关注什么?"你之所以关注某些事情，或许是由于你对过去期望的解读，还可能由于你对某项日常工作很有信心，或者只是为了满足别人的期望。总之，你并没有刻意地关注应该关注的事情。

你有必要定期评估自己关注的方向，千万不要因为当前的问题而停滞不前。你的关注事项可能包括短期目标和长期目标。有些事情需要你立即关注，否则就会危害整个项目。要领导变革取得成功，你还需要关注长期目标，以及如何在长期内抓住机遇或移除障碍。

你的关注事项需要考虑到高层的期望。你的信誉将取决于你是否愿意就别人认为应该关注的关键领域进行沟通，以及你是否对自己的权威和知识有充足的自信，善于明确自己需要关注哪些领域，以及能够在哪些领域作出最大贡献。

亚历克斯惊奇地发现同事们过于关注各自的领域，他们似乎不愿意从大局出发考虑问题。因此，亚历克斯必须保持对重组项目总体目标的重视，以及通过可持续的方法实现重组所能带来的好处。为此，亚历克斯不断强调新的组织架构的基本特点和优势。

她努力让人们认识到这些优势。有时，一些同事的狭隘自利会让她恼怒。亚历克斯认识到自己需要保持耐心，选择合适的时机让大家认识到重组项目在长期所能带来的好处。她不断自问："为了让合并顺利推进，我需要把工作的重点放在哪些领域？"

## 实践

- 你正在关注的领域仍然是你应该关注的吗？
- 可能会通过哪些方式增加对长期机遇和潜在障碍的关注？
- 你在哪些关键领域的贡献最大？
- 你关注的领域是否符合高层的期望，同时符合你自己对优秀领导力的定义？

# 33 我表现如何

你的行为可能比你说的话更加有影响力。

## 理念

在你说话的时候，其他人可能听，也可能不听；但他们肯定会受到你的行为影响。他们会自然而然地学习你的行为。如果你脾气暴躁，他们很可能会做出同样的回应；如果你对机遇持积极态度，他们也会更加积极。不管你喜不喜欢，你的举止和行为都会影响到别人。

你说话时的措辞很重要。为了让人们理解制约因素以及需要采取的应对措施，你必须谨慎地重复你说的话。但是，光靠苦口婆心地说话不足以确保转型项目的成功。

每天开始工作前，你必须想好自己今天要表现出什么类型的行为。在某些人面前，你也许会表现出激励人心和乐观的一面；在其他人面前，你却想表现得果断；或许你还需要让某些人看到你的不满，告诉他们必须改变态度。

在会议中，你可能会被人激怒。但是你要考虑一下是否需要把愤怒表现出来。在别人面前暴跳如雷虽然没有多大用处，但是适当地表达你的恼怒也会有奇效。问问你自己，你的行为是否与你的价值观一致，是否有助于实现变革项目的目标。

金清楚他的同事拥有不同的文化背景。因此，他必须了解印度和欧洲的同事会如何解读自己的方法。在提出请求时，金并不总是认可别人的理解方式，有时会不知道在表达请求时应该采用什么语气。但是，他发现自己有必要在采取行动之前审视一下是否使用了正确的语气。他越来越深刻地认识到，树立信誉的关键是表现出他在认真倾听。另外，对自己所采取的行动一定要给出合理的解释。

### 实践

• 认识到语气和行为的重要性。

• 清楚你希望别人如何理解你的行为，在做事和说话的时候刻意表现这些行为。

• 与别人确认他们对你的行为的理解是否与你想表达的一致。

• 在不同的情况下，谨慎地应用不同的行为方式。在与别人沟通时，要考虑他们的个性和文化背景。

## 34 我什么时候反思

无论是独处还是和值得信任的人一起，你都要腾出时间来反思。

### 理念

在变革项目中，时间压力是不可避免的。所有人都觉得应该尽快实施重组，这样才能尽早实现转型的好处，同时尽量降低不确定性。你难免觉得自己需要更快进行决策。

时间压力会让我们只关心自身利益，不去思考自己是否在用正确的方式做正确的事情。但是，变革的速度越快、期望越高，我们越需要反思。

我们每个人都需要知道使用某种方法来进行反思。比如有人会参加剧烈运动，有人会安静地冥想。我们可以独处一段时间，也可以和他人一起。在反思的过程中，我们需要退后一步，从更长远的角度来理解日常工作。

你也许还需要通过潜意识处理问题。你要想清楚变革项目的某个方面是否正确。在思考的同时，你有可能还需要咨询几名顾问——你相信他们，愿意与他们一起权衡某个领域下一阶段的利弊。

金每天都要坐 45 分钟的火车去上班，还要定期在欧洲和印度之间往返。他发现在路上的时间非常适合用来反思。在需要解决某个棘手的细节性问题时，他会在早上坐火车上班的路上进行思考。在此期间，他可以安静地记录关键点。他可以利用往返印度的长途旅行来思考一些长期问题。意识到自己可以利用旅途中的时间进行反思之后，他开始期待这些反思的机会，再也不会因为长时间无法解决问题而感到困扰。

## 实践

· 知道哪些时间最适合思考，然后有效地利用这些时间。

· 把反思的时间视为取得成功的关键。

· 腾出时间进行反思，既可以独自进行，也可以和信任的同事一起。

· 认识到通过反思可以让自己的智力、情感、身体和精神焕然一新。

· 工作压力越大，你越有必要进行反思。

# 35 我什么时候行动

在决定何时采取行动上变得越来越谨慎，代表你越来越自信，对你的领导力越来越有信心。

## 理念

在领导变革时，你期望行动和变革越快越好。你知道你的行动将成为别人评价你的依据。在巨大的压力下，你可能觉得必须采取行动，还要表现得雷厉风行。

但是，正确的做法可能是倾听和反思，而不是仓促行动。你之所以担任某个职务，也许是因为别人以为你喜欢大权在握的感觉。但是，在整个变革项目中，你可能需要小心地平衡反思和行动。你希望给自己打造一个在正确的时间用正确的方式做事的形象，而不是一个不会思考、鲁莽行事的人。

一旦你在担任转型领导者的过程中树立了信誉，你就能够自主决定如何以及何时采取行动。你可能既想树立一种雷厉风行的形象，又想让人知道你会仔细倾听并且全面地分析事实。另外，你希望展现出自己当机立断的一面，但不会为了得到更充分的证据而推迟决策。你可以提前计划好决策的正确时机，明确需要什么证据来支持你做出有针对性的决策。

亚历克斯和金都清楚，他们的老板、同事和下属都在关注着他们的工作。他们俩都处于透明的环境中，有人会提供支持，还有人坐等看他们失败。他们都认识到，取得成功的关键是找到正确的时机和方式来采取行动。他们希望各群体能尊重和回应他们的决策。他们也知道别人不会一直欢迎他们的行动。因此，在采取那些行动前，他们要有充分的理由。

通过决策和行动，他们的自信心越来越强。一口吃不成胖子——他们有时觉得，自己好像每向前迈三步就会向后退两步。但是，他们都发现自己对担任领导者的信心在不断增长，而且觉得有必要定期更新他们有关如何平衡反思和行动的自我叙说。

## 实践

· 慎重决定在什么情况下需要采取行动。

· 在采取不受欢迎的行动前要先停下来思考，然后充满信心地行动。

· 不断审视你的自我叙说，用你最擅长的方式采取行动。

· 如果你的行动成功或失败了，花点时间来反思和吸取经验教训。

# 应变

应对快速变革100法

# 第八章

# 心　态

# 36 培养团队合作精神和伙伴关系

利用一切机会逐步培养团队合作精神和伙伴关系。

## 理念

带领他人经历变革既是一种特权，也是一种责任。因为这是你所拥有的权力，所以这是一种特权，而由于你不光影响着组织的影响力，也影响着受组织影响并且为组织工作的员工的生活，所以它同时也是一种责任。

要想取得成功，你必须有正确的心态。在这种心态下，你需要认识到自己拥有的权力和肩负的责任。

你要尽可能培养团队合作精神和伙伴关系。虽然你会面对许多质疑和反对你的人，但是你一定能从他们身上找到一些共同的利益点。只有切身利益受到项目影响的人才会来批评你。你也可以通过理性论证，或通过某种共同奋斗的感觉，来赢得质疑者的支持。关键在于，你要争取到足够多的支持者，多到足以让你不会受到少数反对派的干扰。

凯西在一家保险公司负责领导一个变革项目，该项目的目标是裁员1/3。

由于保险市场不景气以及过程自动化带来的冲击，公司做出了裁员的决定。最新的财务报表和裁员的决定极大地打击了员工们的士气。凯西知道她需要向员工解释清楚为什么裁员势在必行。她与来自不同利益群体的代表会面，就如何管理该变革项目和如何沟通接下来的步骤，尽可能与他们达成一致。各方都认为公司需要采取行动，但是，有些人愿意合作，也有些人持怀疑态度。

### 实践

- 了解怀疑者和批评者的可能心态。
- 不断和各方沟通，尽可能相互理解。
- 尽可能与怀疑者和批评者建立共识。
- 要明白，培养团队合作精神需要时间，甚至可能永远无法让所有人都有团队合作精神。
- 即使有人不愿合作，你也要保持冷静。

# 37 了解希望和担忧并建立韧性

为了在组织中建立应对变革的韧性，我们必须理解人们的希望和担忧。

## 理念

在宣布重大变革的时候，有人会本能地觉得兴奋，还有人会感到忧虑，也许，人们都会既兴奋又忧虑，哪种情绪占上风取决于个人的性格和对潜在变革如何影响自己的解读。

在领导变革项目时，你自己心里也会有希望和担忧。因此，你首先要了解其他受影响群体的希望和担忧。他们的反应可能取决于他们是否觉得自己能在新组织中有一席之地；他们可能担心将来工作岗位的质量，以及薪资和晋升前景。他们的期望有时是不现实的，在需要面对现实、接受变革时，有人会希望让问题消失；由于担心可能出现最坏的情况，有人会忧心忡忡。

但是，你需要让他们把希望和担忧表达出来。把担忧的事情讲出来后，你会发现结果也许并不像最初设想的那么糟糕。作为领导者，你的任务是理解人们的希望和担忧，然后让他们从全局出发看待变革。这样，你可以帮助个人和组织在充满不确定性的大背景下尽可能保持韧性。

凯西苦口婆心地向员工们强调，如果现在不采取任何行动，公司就有关门大吉的风险。所以，为了帮助公司生存发展，他们必须实施大规模的重组和裁员。凯西努力直面员工的担忧，她很清楚公司未来的生存发展取决于能否成功完成重组。为了让员工们理解变革的必要性，她努力传达明确的信息——那就是公司的未来取决于承认现实，裁员势在必行。为了缓解大家的担忧，凯西耐心地解释遣散方案。对一些人来说，这套遣散方案比较有吸引力。她从来不忽略员工的担忧，并且努力用现实的方法缓解他们的担忧。

### 实践

- 在领导他人时，了解你是如何管理自己的希望和担忧的。
- 创造机会，让员工把他们的希望和担忧讲出来。
- 确保下一步计划符合实际。
- 不断重复你的信息。只说一两遍，员工是听不进去的。
- 小心流言，不要让担忧情绪扩散。
- 对未来的希望要符合实际。

## 38 三思而后行

我们可能过于注重实现目标，导致无暇考虑后果。

### 理念

纵观历史，不仔细考虑后果就发起变革的例子比比皆是。人们往往出于短期政治利益考虑进行政治决策，很少考虑决策的长期后果。

发起重大变革项目也许是公司高层的决策，但是，你仍然有责任对变革的后果保持警惕。为此，你必须明确变革会带来哪些后果。并非所有后果都是不可避免的，因此，你有责任强调可能需要采取的措施，让各方充分理解这些后果，并减轻负面后果的影响。

在领导他人时，你必须想清楚，团队的决策和行动会带来哪些短期和长期后果。但是，你可能只看到了负面的后果，却忽视了可能的正面后果。这场变革也许可以带来新的经验、不同类型的岗位以及新的市场。

针对你的领导力带来的后果，你需要借鉴组织内外类似的项目的经验。我们生活在一个动态的环境中，不同行为模式的后果之间会相互影响，这种影响方式可能出乎我们的预料。因此，我们有必要确认哪些类型的变革可能会影响你的职责领域。

凯西仔细思考了该变革项目会给岗位设计带来的后果。她发现，只要能抓住信息技术带来的机遇，这场变革就可能创造一些更好的工作岗位。凯西还发现，财务部正在同时经历重大变革，所以她需要想清楚如何领导两个同时进行的变革项目。她意识到监管环境发生了变化，需要从组织中找人来监管这些变化。凯西和她的团队不想看到的是，监管环境的变化导致新流程建立不久就不得不再次变更。

凯西从过去的经验中总结出了她的座右铭“千万要想清楚行动的后果”。她坚持与同事们合作，全面审查相互关联的多个变革的后果——这些变革有的来自内部，有的来自外部。

## 实践

- 吸取那些做事前不想清楚后果的人的教训。
- 坚持让员工清楚所提议行动的后果。
- 坚持从全局出发看待不同的举措和外部期望带来的综合效应。
- 坚持审查你预测后果的准确性，在下一阶段的工作中吸取教训。

# 39 直面难题

即使在进展顺利时，我们也不能逃避难题，而要迎难而上。

## 理念

在领导他人时，你要知道难题肯定会出现，需要你迎难而上。在任何有价值的工作中或任何有意义的变革项目中，总会有一些难题需要我们解决。在项目开始前，围绕如何应对难题，我们有必要制定策略并达成一致。你需要强调清晰的事实依据，坦诚并周密地表达观点，高效地倾听和沟通，以及用事实说话。另外，你还要保持开放的姿态，探讨解决问题的各种选项，并在必要的时候做出艰难的决策。

有时候，你经过仔细审查，发现只有一种现实的行动方案，而且可能带来负面的后果。这种时候，团队中可能会产生负面的情绪，认为情况会变得糟糕。还有的时候，你可能需要在同样不理想的选项之间进行艰难的抉择。

你需要让其他人做好准备，以面对不可避免的难题。在此过程中，你可以邀请他们一起思考：他们从以往的艰难决策中学到了什么经验教训，以及如何在当前环境中应用这些经验教训。在其他人面临难题的时候，你的职责是与他们共同面对，并鼓励他们承担全部责任。你的职责不是替别人担负责任，而是鼓舞士气。

凯西预见到了许多关于流程和人员的难题。她想让人们接受变革的必要性，朝着成功实施变革的方向前进。为此，她收集数据，告诉他们难题是不可避免的。

该变革项目的势头变得不可逆转后，凯西认为必须做出一些必要的决策，比如，随着新信息管理系统的投入使用，指代不明公司需要取消一些多余的流程。凯西还认为，变革的势头已经足够强大，足以让她提出相关标准，来为高层职位物色人选。

### 实践

· 在始终找到那些需要面对的难题时。

· 不要假装所有问题都是简单明了的，要认识到艰难决策是难免的。

· 让其他人直面难题，可以提供支持，但不要越俎代庖。

· 针对期望问题得到解决的时间，制订一个进度计划。

# 40 保持乐观心态

永远保持现实、前瞻和积极的心态。

## 理念

尽管一直乐观可能会被人觉得肤浅，但悲观的人总是垂头丧气，人们唯恐避之不及。作为领导者，你有义务给团队带来务实和积极的态度。

所谓务实，是指在讲事实和表达看法的时候要有证据。正所谓谣言止于智者。草率、情绪化的观点会导致群体性偏执，这非常危险。我们要冷静地分析证据，进行周密、建设性和前瞻性的思考。

基督教对希望和新生活的态度一直影响着我。对我来说，关键是在任何情况下都要看到开始新生活的机遇，找到能让自己重燃激情和动力的希望之源。我发现，几乎在任何情况下，最优秀的领导者都能看到积极的一面，在周围人都感到沮丧和意志消沉时，他们仍然能够看到黑暗尽头的光明。

保持乐观并不等于扭曲事实或自欺欺人，而是要严谨地分析，周密、果断地思考并克服难题。这样，你就能在任何情况中看到积极的一面。

凯西认为保险业需要更高效地响应客户的需求。她认为，公司的道德目标意识足够强烈，足以达到一种新的平衡，这对顾客和员工都有好处。她相信，当组织需要拿出信心来解决一些重大问题时，对未来保持乐观是正确的。凯西的乐观心态部分来自她的性格，部分来自她过去成功领导变革项目的经历。凯西重视与她的下属谈论如何平衡现实主义和乐观主义，她希望他们找到适合自己的方法——这种方法既能体现他们的个性，又能帮助他们看到组织变革所蕴藏的机遇。

## 实践

· 坚持鼓励员工和团队冷静地分析证据。

· 寻找积极进步的迹象，恰如其分地描述它们，不要夸大，也不要贬低。

· 鼓励大家就现实主义和乐观主义展开坦诚的辩论。

· 相信任何情况都可能有正面的结果。

# 应变

应对快速变革100法

# 第九章

# 坚持目标和随机应变

## 41 明确目标

作为领导者，人们期望你明确项目的目标和如何实现这些目标。

### 理念

一个项目往往会在启动时制定一个清晰的总体目标，如增加吞吐量、降低成本或显著提高正面反馈分数。但是，这种对预期目标的描述过于简单，可能会引发一系列问题，比如，该如何实现总体目标。作为领导者，你希望尽可能明确项目的目标，但是，项目目标的清晰度有时取决于尚未做出的决策，因此在项目早期明确具体目标不太可能。你的信誉在一定程度上取决于你能在多大程度上讲清楚项目的目标，以及当预期目标可能变得更清晰时，你能制订什么类型的进度计划。

作为领导者，你有责任推动某些利益相关方，让他们明确自身认为重要的中期目标。你要让大家从大局出发，了解不同工作之间的相互关系。为了让各方重视项目的总体目标，你要全面了解各方之间相互配合的方式，知道某个领域的不确定性会给企业其他方面带来哪些负面影响。

凯西知道，虽然项目的总体目标是帮助公司恢复盈利，但是人们对如何实现这一目标还存有很多疑问。尽管公司已经宣布，项目的总体目标是裁员 1/3，但是还没有决定哪些部门需要裁员，以及什么时候裁员。凯西认识到，对这些问题进行解答不仅可以增加项目的确定性，还可以帮助受影响的员工提前考虑未来。她需要征求人力资源部的建议，她意识到需要制订尽可能清晰的进度计划。

另外，她也要根据新信息和新决策灵活调整计划。无论如何，都会有一些人离开公司，所以她必须制订遣散方案。

### 实践

· 在已宣布的目标中，知道哪些是明确的目标，哪些是指导方针。

· 明白让不同群体了解中期目标的重要性。

· 尽可能制订清晰的进度计划，作为定义中期目标的依据。

· 如果还没有办法定义目标，一定要把原因弄清楚。

## 42 做好应对风暴的准备

风暴是不可避免的。无论是在工作中还是在情感上，你要做好应对它们的准备。

### 理念

在游艇驾驶训练课程中，水手们需要学习识别即将来临的风暴并做好应对准备。对水手来说，风暴简直是家常便饭。在他们眼里，风暴是不可避免的，但也是可以控制的。任何有价值的变革项目都需要经历风暴。有些风暴在项目早期就能预见；有一些风暴虽然是不可预见的，但是可能来得快，去得也快；还有些风暴可能会持续一段时间，因此需要有坚定的决心进行应对。

游艇上的船员训练有素，知道如何在风暴中相互协作，他们分工明确，知道如何保持决心。即使面对最坏的情况，他们也已经制订好了应急计划，知道何时呼叫紧急救援。实施变革项目和应对风暴有许多相似之处；它们都需要制订周密的应急计划、提前分配岗位和职责、明确具体问题的负责人，以及确定相关人员是否有能力与他人合作。

关键在于，你要开诚布公地与团队谈论制订应对计划的重要性，然后制订出一个清晰、周密的应对计划。如果团队能够成功应对小风暴，那么就有信心应对未来更大的风暴。

在经历最初的震惊后，凯西知道公司里有部分人在尝试组织一场抗议，反对计划中的变革。凯西与团队一起思考了如何处理某个小群体的抗议。他们必须明确地传达变革的信息，让大家知道要想保住饭碗，就必须开展激进的变革。有些批评可能会带有感情色彩，甚至针对个人，他们为此而做好了准备。他们认识到只有经受住这场抗议风暴，才能保障重组有条不紊地向前推进。

凯西要求团队在全公司保持沟通渠道的畅通，她不希望因为担心发生抗议就设置沟通障碍，这会降低员工们倾听和支持变革的意愿。

### 实践

- 认识到风暴是不可避免的。
- 为应对未知风暴制订周密的计划。
- 受到批评是不可避免的，你要为此做好准备，理性应对攻击个人的行为。
- 让员工们保持冷静，要知道某些风暴通常来得快，去得也快。

# 43 知道何时调整你的方法

高效的团队能够快速、无缝地调整它的方法。

## 理念

在迁徙季节，鸟群似乎不仅知道到哪里栖息、一起飞到不同的气候区，还可以瞬间改变方向。同理，训练有素的团队往往能够为应对不断变化的环境做好充分准备。

自行车队会制定成熟的策略，如果有一个人跟不上，他们就会进行轮换。而且，他们还会根据对手的决策调整他们的方法。他们进行调整的方式看上去是自发的，但其实他们的战术是经过仔细排练的。

调整你的方法并不是软弱的表现，而是源自对最新情况的仔细解读。如果有影响力的关键人物开始改变他们的优先事项，你绝对不能对此视而不见。所以，调整你的方法不仅不是软弱的表现，反而展现了你有能力进行果断回应。你要清楚，没有人会逼着你改变方法，虽然你可能不喜欢改变你的方法，但你可能不得不接受新的现实，那就是你的方法并没有你最初设想的那么周全。

如果你能认识到，为了尽可能实现最好的结果，根据最新情况调整方法是有必要的，那么你就更有可能继续得到那些原本可能反对你的人的支持。

凯西是一位固执的领导者，她的团队忠诚度很高。但是，她意识到自己有时固执己见，过于坚持初始路线。她也认识到自己有时需要改变方法。这种时候她意识到自己必须保持警惕。她认为在大幅度改变方法之前，自己需要与团队里的资深成员进行协商，把调整理由解释清楚，因为，她不希望大家对她的判断失去信心，因为她觉得在某些情况下，失去团队的信任是很危险的。

**实践**

· 你要知道自己通常是如何在坚定不移和随机应变之间保持平衡的。

· 要清楚随机应变和被别人的看法左右之间的差别。

· 当你认为需要调整时，一定要和你的团队进行良好的对话。

· 当有人认为你和团队应该更积极、更随机应变的时候，一定要敞开心扉听取他们的意见。

· 把随机应变看作一种优点，而不是弱点，但前提是你已经充分调查了调整的理由，并且已经向团队解释清楚。

# 44 知道何时要坚定

在一些关键时刻，你必须让团队关注正确的结果。

## 理念

当一支足球队面对强大的对手时，队员们必须坚定不移地进行防守。防守队员们需要紧密合作，提前预测对方进攻队员的进攻路线。优秀的后卫能对威胁保持警惕，对战术变化快速做出反应，并且擅长迅速移动到无人防守区。后卫必须时刻关注队员的跑位，当一名队员上前防守对方球员的时候，他要知道如何与队员配合。

反驳别人对变革项目的激烈批评与足球队有很多相似之处。你需要让团队团结一致，有共同的目标，坚持既定方向和前进计划不动摇。你希望你的团队坚定地合作，找出对手论点中的漏洞。但是，有时候你也需要认真倾听批评意见。有时，你需要坚定地反对他们的指控，让你的团队行动一致，而让批评者占了上风。

但是，在某些情况下，你的角色是用明确的理由激励团队，让他们坚持既定的行动路线不动摇。你的任务是重申这个理由，强调迄今为止的进展，并明确将要采取的必要措施。

凯西坚持倾听并考虑质疑者的观点。她已经在某些方面改变了自己的方法，但是出于项目总体进度计划的要求，她必须坚持接下来的措施不动摇。她已经充分考虑了各方观点，不过，接下来的行动计划已十分清晰，足以让项目向前推进。在这个关头，凯西需要明确态度并且坚定不移，要表现出必要的坚韧。她的语气既坚定又冷静，明确了未来的方向，她的话语非常有说服力，这让大多数人都愿意支持她。

### 实践

• 认识到自己有时候需要明确前进的方向。

• 接受这一事实：有时候你会感受到对手给你的巨大压力。做好承受压力的准备，然后化解它。

• 承认自己有时候固执也是一种优点。

• 知道自己的底线，清楚何时可以让步。

# 45 控制节奏

注重管理变革的节奏，快不一定是好事。

## 理念

领先时间过长的自行车手不太可能获得最后的冠军。有些车手擅长通过与别人密切合作交替领骑来节约体能，反而有机会获得最后的胜利；短跑运动员知道，获得冠军完全取决于短距离的快速冲刺。但是，由于需要在很长一段时间内保持耐力，所以长跑运动员会根据对手的比赛策略、竞赛地形以及环境条件改变他们的配速。

有时候，快速推进项目非常重要，特别是在你必须把决策同时传达给很多人的时候。但是，即便在这种时候，你也要采用合理的方法：过于偏重速度很容易产生疏忽，从而导致事故。

要让变革项目持续下去，控制好节奏是关键。你必须保证所有在项目的交付和成果中有利害关系的人都认识到进度计划的重要性，并理解这样制订计划的原因。你可能非常希望变革的节奏比许多人期望得要快，但是如果要让各方充分参与进来并且为项目做出承诺，你就必须确保项目的节奏是合理的。管理节奏不是马后炮，它是成功交付的关键。

凯西认识到董事会希望项目在某个具体的日期前完成。所以，她精心制订了一个分步骤的进度计划，其中包含多个评审节点。由于害怕进度落后，一些人希望快速推进变革。如果不能取得进展，有些人就会焦虑。凯西认识到了这个风险，她认为自己有责任让这些人冷静下来，告诉他们项目的时间充裕，并且进度计划中的评审和决策之间有清晰的逻辑顺序。凯西用各种体育项目做类比，告诉团队成员什么时候应该控制节奏、什么时候应该加快节奏。

**实践**

· 要认识到团队成员的天性可能是喜欢加快或减慢节奏。

· 在需要采用不同的节奏时，用不同的体育运动做类比。

· 在充分考虑下一步计划之前，如果团队成员出现了节奏过快的风险，你要进行把控。

· 在节奏存在落后的风险时，你要保持警惕，并做好应对这种风险的准备。

# 应变

应对快速变革100法

# 第十章

# 防患未然

# 46 预见机遇

你必须能够预见机遇，保证团队不要完全陷入烦琐的日常工作中。

## 理念

在足球比赛中，防守一方球员们的重点是阻止对手进球。但是，当对手的大部分球员处于进攻阵型的时候，优秀的后卫往往能够机敏地发现对手的防线可能出现的漏洞，而在对抗中赢得球权后，拥有敏锐嗅觉的后卫也能在对方阵型中看到很大的反击空间。最精彩的进球通常来自后卫由防守快速地转为进攻而发起的反击。

人们往往专注于眼前的事情，满脑子想的都是解决日常问题。这样的做法值得称赞，但还不够。要在长时间内保持人们的积极性，需要个人和团队相信他们有一个压倒一切的目标，那就是未来的成果和机遇。

从信息技术产业的经验中，我们可以清楚地看到，那些成功的企业一直在寻找未来的机遇，始终在坚持不懈地突破技术可行性和在应用领域进行创新。

作为领导者，凯西清楚该变革项目的绝不仅仅是为了实现公司的可持续发展。所以，她努力研究保险业的发展趋势，试图对公司寻求的机遇有一个清晰的理解，然后与员工们分享她的心得。她的目标是为公司勾勒出一个可行的未来方向，推动领导层识别并抓住机遇。凯西知道，为企业描绘一个光明的未来愿景，有助于让员工坚定信念，并让他们相信这场旨在提升企业效率的变革是必要的。

### 实践

·观察其他组织如何通过抓住新机遇来应对威胁。

·愿意向别人介绍你在变革中的领导力将以何种方式帮助组织更有效地抓住未来的机遇。

·面对那些受到变革影响的人，你要鼓励他们展望未来的机遇，思考如何通过做好当前的工作来抓住这些机遇。

# 47 预见问题并快速响应

有时候，你需要很长的时间来探索潜在的问题；而有的时候，你需要马上解决问题。

## 理念

你的当机立断可能被相关方认为是草率之举，只有旁观者能区分二者之间的差别。领导变革的挑战在于，你要知道什么时候需要尽早行动，即使有人可能认为你的果断决策是一种仓促的反应。

你需要团队能够预见问题，而不是被问题淹没。你希望他们既有能力快速响应，又能够多花点时间对潜在的问题进行深入的剖析，然后谨慎地做出决策。

在任何变革项目中，你都要提前思考接下来会发生什么问题，以及如何解决这些问题。通过预见问题，团队可以一起解决这些问题，从而以建设性和果断的方式做出反应。

但是，并不是所有问题都是可预见的。团队成员需要得到授权，这样，在出现问题的时候，他们才有权进行处理。他们需要知道，自己在什么情况下可以凭借自己的判断采取措施，以及在什么情况下需要咨询别人。你需要建立一个成熟的体系，把关键人员以正确的方式组合在一起，来解决潜在问题。

同时，你还需要对个人进行授权。这样，在问题出现时，他们就可以快速应对，而不会担心受到惩罚。凯西想要确保所有参与变革项目规划和实施的人，都能认识到他们一定会遇到必须解决的问题。但是，她不想将它们称为“问题”，因为这可能会让人们对未来产生负面的看法。所以，凯西一方面强调项目难免会遇到一些必须解决的问题；另一方面，鼓励团队负责人仔细思考，在这些问题中，有哪些是普遍存在的，是需要更多人参与解决的，又有哪些可以由个别经理或团队来解决。

凯西关心的是在团队负责人中培养一种积极的心态，用这样的心态来解决不可避免的问题。她还想培养他们随机应变的能力，能够熟练地判断哪些问题需要大家共同解决，哪些问题自己就能解决。为此，她的经理们需要形成一种观念——当他们发现一个影响面比较广的问题时，应该主动寻找解决方案，而不是把问题推给别人。

## 实践

· 鼓励团队成员预见问题，然后分享潜在的解决方案。

· 培养区分潜在问题的能力，知道什么问题需要大家一起解决，什么问题需要个人当机立断。

· 当团队成员有充分的理由对问题做出快速反应时，即使他们是从显而易见的错误中学习，也要给予支持。

· 注重和团队成员分享你预见问题的方法，还有判断何时快速反应以及何时需要三思而后行的方法。

## 48 建立动态联盟

牢记你可以和各种相关方建立联盟，有时候甚至可以和意想不到的相关方联盟。

### 理念

自行车赛的领骑集团往往由来自不同车队的车手组成。领骑集团中的每位骑手都会采取跟随战术彼此交替领骑。有时候，会有一名车手脱颖而出，但是在比赛的大多数时间里，车手们都会相互合作。橄榄球运动员可能上一个周末还是对手，下一个周末就成了国家队的队友，对手成了他们最可靠的队友，几周后可能会再次成为对手。运动队的队员们不断创造新的、动态的联盟，然后继续与不同的人建立伙伴关系。

任何团队领导者不仅要在团队成员之间建立联盟，还要与别的团队建立联盟。你必须关注每个人的当务之急和自利行为。作为领导者，你要确保团队成员和在变革项目的成果中有切身利益的人都能发挥出最大的潜力，为此你要在所有参与项目的相关方中间树立一种团队精神，即便有些人在团队中只扮演临时或兼职的角色。你还需要与公司其他部门的同事，以及直接受到重组项目影响的客户建立动态联盟。此外，与人力资源、财务、IT 和其他支持部门建立动态联盟非常重要。

凯西认识到，为了重组成功，她需要与公司各个部门建立联盟。一方面，她要让自己的直属团队感受到强烈的相互支持和参与感；另一方面，她也要与财务、IT 和人力资源等部门建立动态联盟。

这些部门的人会对项目成功做出同样的承诺，并且愿意为项目贡献想法和资源。凯西非常重视在整个公司内赢得支持以及建立联盟。她拒绝被人冷落，坚持不懈地发展强大的关系网，并且会对别人的支持表示感谢。

## 实践

- 仔细思考哪些类型的联盟对项目的成功至关重要。
- 投入时间建立一支重视相互支持的强大团队。
- 投入时间和精力与公司各部门联盟，并在适当的情况下与客户建立联盟。
- 把在这方面投入的时间和精力视作有良好回报的长期投资。

# 49 拓宽团队的视野

让你的团队专注于预期目标，有助于确保他们不会陷入日常琐事中。

## 理念

在体育比赛中场休息的时候，教练会让队员们拓宽视野，想想接下来的比赛可能会发生什么。教练会不断激励队员和鼓舞球队士气，让队员们专注于他们引以为豪的共同目标。教练的目标是要让团队忘记疲劳和痛苦，想象成功之后的喜悦。

有时你可能需要给团队来一段鼓舞人心、情绪激昂的动员讲话；有时你还需要拓宽团队的视野，想清楚接下来的步骤，以及实现这些步骤所需投入的资源。你可以强调关键负责人的进展和支持，这有助于增强他们达成目标的决心。

拓宽团队的视野，还可能包括帮助他们思考未来会是什么状态。他们越能预见变革的好处，就越有意愿达成变革的目标。无论接下来的工作难度有多大，你都可以帮助他们想象变革能给现状带来的巨大改善，这可以激励他们朝着变革的方向不断前进。

拓宽团队的视野并不意味着忽视日常工作的重要性。紧急的工作还是要立马去做，但是，如果团队能着眼于达成最终目标所需要的关键工作，他们就不会因为眼前的琐事而感到气馁和无力。

凯西担心团队中有些成员与其他人的关系紧张，导致彼此都无法发挥最大潜力。她想拓宽团队的视野，这样他们就可以看到自己可以获得更多的支持，从而让工作变得更加高效。她让团队成员们思考过去曾参与过的高效团队的特征，以及他们能做些什么让现在的团队变得更加高效。通过这种对反思性学习的重视，凯西最终提升了大家对高效团队的期望。

凯西刻意确保团队会议不仅仅讨论日常问题，她保证每三次会议就有一次关于长期议题的讨论，这让她能够不断强调愿景，确保团队成员把关注点放在最终目标上。

### 实践

- 在关键时刻善于使用鼓舞性的语言。
- 注重拓宽团队成员关于高效团队的视野。
- 确保在日常会议中涵盖长期议题，让团队牢记最终目标。

## 50 借助外部专业人士的支持

高效团队善于通过创造性的方式联合内部和外部的专业人士。

### 理念

当一个团队愿意抓住一个问题并下决心解决它时，这种决心是值得称赞的。但是，随之而来可能会遇到的一个问题是：引入外部支持会减弱还是会增强团队的能力？人们通常认为，一个团队可以在没有外部支持的情况下解决问题。他们也许拥有最适合解决问题的专业人士，能够高效地解决问题。但是，我们有必要判断一下，这种自信是来自强烈的独立意识，还是来自对问题的详尽分析。

对大多数团队来说，时不时地补充新成员能带来很多好处。这种做法迫使团队领导者审视他们的运作方式，确保让每个成员都能为团队做出最大的贡献。一个前瞻性的团队非常重视未来发展所需要的专业人士，无论这些专业人士来自团队内部还是外部，也并不在意这些专业人士是全职还是兼职。

正如全科医生会定期寻求专科医生的帮助一样，一位优秀的团队领导者通常拥有非常好的嗅觉，能够敏锐地感知团队何时需要借助专家的帮助来确定前进的方向，并且能够在有时间限制的情况下集中借助外部顾问的支持。这些举措非但不是软弱或犹豫的表现，反而可以证明你是一位擅长随机应变并且充满自信的领导者。

凯西从她的团队成员身上看到了巨大的力量。不过，他们虽然充满热情、恪守承诺，但是缺乏项目纪律。所以，在项目早期，她就给团队配备了一名经验丰富的项目经理，以确保建立更清晰的团队架构，并和公司其他部门建立了更为紧密的联系。最初，有团队成员怀疑，增加一名项目经理会不会给团队带来不必要的官僚主义。对此，凯西谨慎地解释了她这么做的合理性。随着工作复杂度越来越高，项目经理开始贯彻项目纪律，在这个过程中，凯西全力支持这名项目经理的工作。

后来，凯西又意识到团队中需要有一名财务部代表来帮助团队成员正确理解和整合会计知识。另外，凯西还发现有必要邀请理解顾客行为的人参与进来。在这方面，公司聘请了许多外部顾问。最后，凯西从中选了一个人，使其加入了项目团队。在团队会议中，凯西总会给这些新成员足够的发言时间，同时，凯西会与团队分享她在这些外部输入中观察到的好处。由于团队初始成员们能够看到这些新成员带来的好处，整个团队融合起来非常快。

### 实践

· 为确保项目成功，一定要清楚团队需要什么领域的专业人士，并确认现有成员中有没有这种专业人士。

· 明确你需要引进的外部专业人士的类型，以及你需要引进他们的原因。

· 当你看到该外部专业人士对团队工作和决策方式能够带来积极影响时，一定要进行肯定。

# 应变

应对快速变革100法

# 第十一章

# 倾听、交流和适应

# 51 理解性地倾听

有些人只是看上去在听，而有些人通过倾听理解他人。

## 理念

通过训练，你可以看上去似乎在倾听。也许有人告诉过你，要保持眼神交流，时不时点点头，总结一些你听到的点。但是，理解性地倾听完全是另一回事。政治家们往往训练自己看上去善于倾听和总结听到的信息，但是听到并不等于理解。与那些试图通过恫吓以让他人服从的人不同，真正期望对公共舆论或组织内部的意见施加影响的人，会努力理解他们所听到的信息。

理解性地倾听并不简单。它假定你具备这样一种心态，即你相信可以从他人那里学到真理，所以，你愿意根据听到的信息改变自己的观点。

带着这样一种倾听的态度，你需要采用一种辅导式的提问方式，邀请人在陈述观点的同时，也要阐明他们认为采用不同的方法会带来什么后果。通过邀请人考虑别人可能的反应，可以帮助对话的双方理解观点的含义。充分理解的关键是找到对方主要关切点的根源，然后仔细思考如何以建设性、前瞻性的方法解决这一关切点。

乔负责领导一个项目，目的是让一个政府机构对办公场所的使用合理化。该项目旨在减少办公场所的数量，引入办公桌轮用制，鼓励更多雇员在家办公。乔在过去也领导过很多项目，但是从未领导过这种类型的项目。所以，他与曾经在其他组织中领导过类似项目的人交流，了解他们的方法以及他们如何克服障碍和异议。乔清楚地了解了可能会发生什么，以及会有哪些困难。他建立了一个联系人清单，在他领导项目的过程中，这些人可以给他提供支持。

在建立团队的过程中，乔努力了解每个人能给团队带来的价值。他仔细倾听他们的职业履历，以及他们特别希望从各自的角色中所获得的发展。他制订了一个详细的计划，明确了他将如何倾听受项目影响的不同群体的声音，以了解他们的偏好和关切点。很快，他就发现这些群体拥有不同的观点，他需要把这些观点都考虑进来。

**实践**

· 让那些善于倾听的人加入团队。

· 通过总结别人说的话，让他们知道你在仔细倾听。

· 把倾听和理解作为任命团队成员的一项关键特质。

· 一定要让你的团队认识到，理解性地倾听是项目取得成功的关键。

## 52 了解并尊重你的观众

花时间去了解你的观众永远是值得的。

### 理念

在领导变革时，你很容易陷入“我们和他们”这种泾渭分明的境地。你很可能给“其他人”打上批评者和反对者的标签。内部团队会了解到一些别人了解不到的事实情况，这是难免的。对此，其他人可能会缺乏准备并且跟不上变革的步伐，而这仅仅是因为团队内部已经深入地了解了某个问题，而其他人却还在想着他们自己的优先事项。因此，任何团队都要尊重潜在的观众，并让他们了解情况。

优秀的铜管乐队指挥会时刻关注观众的反应。根据音乐会的地点和观众群体的构成，乐队的指挥会对不同作品的介绍进行调整；同样，足球教练也会让球队队员做好在不同球迷面前表现的准备，有些球迷会比较挑剔，甚至连主场球迷都会反复无常，足球教练必须接受这样一个事实，那就是，球迷的热情有时候会提升球队的士气，而球迷的批评则可能会打击球队的信心。

你的观众不仅限于那些直接受项目影响的人，所有受到你所领导的项目影响的人都是你的观众，他们的反应将决定项目的相对成功度。

乔知道他的项目有三种不同的观众，他需要尊重并且理解他们。第一种观众是管理者，对整个组织的声誉负责；第二种观众是组织的雇员，他们的工作和生活将受到影响；第三种观众是顾客，因为项目会影响雇员未来的工作地点和部门，从而影响顾客的生活。

经过系统的分析，乔确定了在每种观众群体中他需要与谁对话。他确定了如何综合考虑他们的观点，并向他们反馈他正在做的工作，同时解释了他为什么使用这些具体的方法。他希望确保与所有的利益群体保持高质量、开诚布公的对话。同时为了带领整个项目走向成功，他还努力准确理解他在哪些方面可以给各种观众群体做出最大的贡献。

## 实践

· 明确界定谁是你的内部观众和外部观众。

· 在正式和非正式层面上，努力与每种观众群体中的关键人士建立关系。

· 尊重每个观众的观点。

· 找到适合自己的方法，在不同群体的特殊诉求中找出好的观点。

# 53 使用多种沟通方法

人们从不同渠道以不同的速度吸收信息，因此我们有必要使用各种沟通方法。

## 理念

成功的变革项目的典型特征是对各种沟通方法的高效使用。有些人必须看到白纸黑字，才会相信将会发生变革；还有些人必须从受人尊敬的领导者口中听到，才会意识到变革是不可避免的；有些人需要听到充分的理由才会被说服；还有些人得看到正式通知，并且确信变革的细节已经得到充分考虑，才会相信变革将会发生。

尽管沟通是成功实施任何变革项目的关键，但是仍然可能有人把它作为可有可无的因素。在沟通的时候，我们要讲清楚变革的原因、目的，实现变革的方式以及时间。为了让人们理解变革的必要性，我们往往还需要不断重复关键信息。在此过程中，最基本的是通过与他人协作，创造一些令人信服的视觉的、口头的和书面的信息。

参与变革项目的每个人都需要了解自己在有效沟通中的作用，清楚其他人如何理解他们的言行。为了解沟通中的哪些内容是有效的，哪些内容会导致更多问题，我们必须从别人那里获得有效的反馈。有时候，我们可以使用某种固定的沟通形式，有时候又需要灵活运用各种能够吸引别人注意力的沟通方法，对于这些方式，我们需要进行权衡。

每次造访受到变革项目影响的办公点，乔都会坦诚地与员工们会谈。他会提前告诉员工他会造访，给他们一点时间思考想问的问题。乔会仔细倾听大家的发言，并尽可能清晰地说明接下来的计划。如果遇到难以决策的问题，乔会坦诚地解释原因。

他会定期以书面的形式发布沟通记录，毕竟他每次只能造访一个办公室。他会让沟通会议保持简短高效，因为，相比开冗长低效的会议，短而频繁的会议效果更好。乔还开通了一个博客，在上面分享了向灵活工作安排转变的潜在影响和好处。

## 实践

· 关于如何在变革项目中使用不同的沟通方法，你可以借鉴最佳实践。

· 注重使用多样化的沟通方法。

· 在访问可能受到显著影响的地点时，把这次访问作为一次将面对面沟通效果最大化的机会。

· 关于哪种沟通形式的效果最好，你要不断地征求别人的反馈意见。

· 能够根据反馈迅速调整你的沟通方式。

## 54 认识到即时通信的力量

即时沟通是现代生活中一个不可或缺的要素，我们必须学会有效地使用即时沟通。

### 理念

我们生活在一个充满即时沟通的世界里。我们要善于利用各种机会，向别人发送鼓励的短信。快速的信息发布非常适合用于确定或更改会议安排。短信是一种快速和情绪化表达观点的方式，而不需要阐明这种观点背后的原因。

但是，即时通信也会以惊人的速度导致不满或愤怒。这种方法能够煽动人们的情绪，使其无法把情况讲清楚，因此会阻碍人们进行建设性、有分寸的对话。

一方面，通过即时通信，人们能够了解正在影响自己的变革。在发生负面事件时，它可以让人们确信计划仍在进行。另一方面，即时通信也是一种强大的工具，批评者们可以用它来煽动人们愤怒的情绪。

所以，我们必须对批评者和怀疑者使用即时通信的方式保持警惕。你必须留意那些试图煽动情绪，而不注重说明情况的人。当有人不怀好意地使用即时通信时，你要判断是对批评言论进行反驳，还是让瞬间的消极反应消失。关键在于，你需要留心哪些反应能煽动人们的情绪，哪些只是不了解变革情况的人的个别观点。

乔要求他信任的一名副手密切关注社交媒体上关于重组项目的舆情，还要求在组织的内网上定期更新项目进展，发布的内容包括乔对已完成的和待完成的行动项的看法。很明显，有一个办公室的员工分享了很多情绪化的信息，暗示乔的主要目的是获得晋升，而不是保证项目成功。因此，乔在他的信息中重申了变革的原因，以及更加灵活地工作安排为什么能给员工带来更多好处。

乔认识到，即时通信的后果之一是，他不得不忍受批评。不过，好处是他能够清晰地知道怀疑的源头在哪里，这让他能够在怀疑论大规模扩散之前及时采取行动。

### 实践

· 要先于别人使用即时通信。

· 明智地使用即时通信，过度使用容易被人忽略。

· 承认这样一个事实，即有人可能会不怀好意地使用即时通信，对此你要做好应对计划，对这种批评进行回应。

· 确保你的团队中有专人负责监督即时通信的使用，监控其他人对即时通信的使用方式。

# 55 知道何时应该由你来发布信息

有时候，有些信息必须由你来发布。

## 理念

如果一个领导者每天都在发布新信息，那么要不了多久，就不会有人仔细倾听他的信息了。但是，如果你偶尔才发布一次信息，人们就会开始关注“你在哪儿”以及“你在干什么”。所以，你必须明确哪些类型的信息应该由你来发布，哪些应该由他人发布。

首先，你得知道人们期望作为领导者的你说些什么、做些什么。他们需要确信你清楚未来的方向，而且拥有关键高层的信任——这些高层的支持对项目的成功实施至关重要。

当你担任领导角色时，人们期望你能为项目确定方向和基调。在需要重新确定方向的时候，他们会希望你来宣布新的方向，以及为什么要做出改变。在因为发生团队无法控制的情况而导致项目受到干扰时，他们会希望从你这里确认干扰的影响。

所以，你需要建立一个模式，确定由谁就特定主题发布信息。在运营事务上，你可以让该事务的负责人发布最新信息，但是如果某项运营事务出现了方向上的重大变化，此时就应该由你自己来发布或授权发布该信息。关键在于你要不断问自己，某条具体信息是否重要到必须由你来发布，还是可以由某个具体领域日常运营的负责人来发布。

在重组项目得到部长级的审批后，乔很清楚他需要向大家传达该变革计划将付诸实施的信息。由于财务方面的限制，导致项目的某些工作将延期 18 个月，乔认识到必须由他来向各方解释造成该延期的原因。而在一些更加具体的事务上面，为了体现各方面运营负责人的重要性，乔清楚可以由他们来发布信息。不过，在一些运营事务上，乔还是希望自己保持干预。如果部门负责人宣布的决定受到质疑，他希望自己可以随时介入，传达简短、明确的信息来支持变革。

### 实践

- 站在关键客户和员工的立场上思考他们可能希望如何接收你的信息。
- 把日常事务的信息发布尽可能授权给具体的负责人。
- 认识到你所发布的信息会设定重要的基调，决定人们参与和推进变革的方式。
- 注重把你的干预放在战略性事务上。
- 发布信息的频率要合理，不宜过高或过低。

# 56 保持简单明了

关于重大和次要问题的信息发布，关键是要简单明了。

## 理念

在传达信息的时候，我们要牢记一句话："保持简单和直接。"我们可能会被细节和可能的复杂问题淹没，可能预见各种选择和可能性，还可能要应对无数的风险，但是我们发布的信息一定要尽可能简单和直接。这不等于忽视问题或复杂情况，相反，我们必须从全局的角度出发去解决这些问题和复杂情况。

我们的大脑和身体每次能够接收的信息是有限的，所以我们必须仔细思考需要注意的前三个关键点，如果关键点超出三个，那么我们思考的质量就会出现递减。比如，你的听众也许只能记得两到三点，但是如果你讲了四到五点，他们的思维就可能陷入混乱，到最后一点都记不住了。

为了让你的信息保持简单，你可以将需要沟通的信息分解成几个阶段，并且你需要认识到听众每次只能吸收一个阶段的信息。为了测试你的信息是否简单明了，你可以尝试在不借助详细笔记的情况下，自己能不能记住并清晰地把它们说出来。你需要像面对电视摄像机那样有说服力，并与听众保持良好的眼神交流。

你可以经常与你信任的人一起练习发布信息，这有助于确保你的信息是简单明了的。在回答具体问题时，你可以就别人特别关注的问题进行更加详细的说明。

乔认识到，他需要清晰且明确地重复他的信息，来强调重组项目的原因和计划的主要特征。在项目进展顺利时，他需要让人们直观地看到项目未来的进度，帮助他们加深对项目的了解。针对他发布的任何信息，乔会把长度控制在一页以内，确保有更多人会阅读上面的全部信息。他坚持要求自己和他的团队成员所发布的任何一条信息最多只能包括三个关键点。这项规定让一些人觉得有挫败感，但是随着员工和客户的参与度越来越高，所有人都看到了在任何沟通中让关键点不超过三个的好处。

### 实践

- 阐明你针对简单明了设定的标准。
- 在任何沟通中，严格限制信息的长度和关键点数量。
- 确保组织中其他人在沟通的方法和标准方面保持一致。
- 针对理解信息的方式以及信息在什么情况下会过于复杂，你一定要向别人寻求反馈。

# 57 平衡一致性和新鲜度

在沟通中，重复信息固然重要，但是为了让人们保持好奇和警觉，你也要选择一些新的角度来传达信息。

## 理念

20世纪80年代末，在肯尼斯·贝克任教育和科学大臣时，我曾担任他的首席私人秘书。他在保持信息的一致性和清晰度的同时，也非常善于使用新颖的例子，这让我非常钦佩。当时，肯尼斯·贝克领导着英国教育系统的重大变革，他需要在既定的全国性改革框架内针对各地的不同情况进行决策。他非常清晰、明确地传达了这些决策的价值。

一方面，肯尼斯·贝克不断以听众能够理解的方式重复同样的信息；另一方面，他还不断用最新的例子，来说明当前体制的问题，以及他所推行的改革可能带来的好处。记者们都非常愿意采访肯尼斯·贝克，因为他的讲话总是非常引人入胜，而且会在介绍总体情况时更新项目的最新进度。

为了在领导变革项目的过程中赢得别人的支持，你不仅要清楚想表达的一致信息是什么，还要知道如何让这些信息保持生动、新鲜、最新和相关性。每个月，你都要自问：你有什么新的证据，或者你可以利用哪些新的视角来展示变革的价值。

乔有一个关于信息一致的故事，讲述了更加合理、灵活地使用办公空间的好处。不过，在造访各个组织时，他不断积累新的例子，说明由于更合理、更灵活地利用了办公空间，各个办事处员工的参与度都提高了。他会把这些例子记录下来，并且在发布书面信息和与员工（尤其是质疑者）谈话时使用它们。

乔认识到，重要的不仅仅是他所说的内容，还有他的表达方式。不管多少次重复相同的信息，他也要让自己看上去像几个月前一样对这些信息保持新鲜感——这非常关键。与此同时，他也需要给项目带来某种轻松活泼的氛围，即使有时候他自己也会有挫败感。为了保持前进的良好势头，他既要确保信息的一致性，也要注重保持新鲜感。

### 实践

· 清楚哪些一致、明确的信息是你需要不断重复的。

· 不断收集进度证据，你可以用这些证据来保持信息的新鲜度和相关性。

· 对项目的意义保持好奇，这样你就可以用一种新的方式来审视它。

· 如果连你自己都对你的信息感到厌烦，那你一定要小心，并观察别人在你说出这些信息时的反应。

## 58 在你的方法中建立持续反馈机制

反馈是一份礼物，我们不应该忽视或拒绝别人的反馈。

### 理念

在开始特定的行动时，我们会觉得太多的反馈会分散注意力。但是，如果我们要对努力实现的目标做出有效反应，反馈就是必不可少的。运动员可以从对手的决策、队友的观点、教练的话语或观众的喊叫声中不断获得反馈。不断会有发散性的反馈声音涌入运动员的耳朵——他们必须在这种环境下比赛。

管理者经常犯的错误是忽视别人的反馈。员工们背地里可能窃窃私语甚至密谋，但是当面保持缄默，看上去对你毕恭毕敬。不过，你也要知道，与大量嘈杂、不一致的反馈相比，完全没有反馈的害处甚至更大。

你有必要建立系统性的反馈机制。比如，在关键会议结束前，你可以提议进行 5 分钟的反馈谈话，让大家评论你哪些工作做得好、哪些做得不好；在结束重要演示之后，你需要从关键人士那里获得反馈，了解他们对你讲解的方法是如何理解的。在任何项目中，你都有必要定期、系统性地寻求反馈，了解人们对你的信息内容和讲话语气的看法。这可以帮助你发现以前自己可能没有意识到的问题。

每次与员工开会，乔都会邀请一些愿意给他诚实反馈的人参加，从他们那里了解人们对他的言论的看法，以及是否理解了他的信息。他会通过定期的员工参与度调查收集到有用的数据，了解员工对组织内变革的方向持积极的还是消极的看法。而关于项目和他的领导方式，乔则系统性地从各种各样的人那里征求反馈。

收到反馈后，乔一定会花时间仔细思考，然后制订下一步计划。在与不同员工群体接触时，他会特意回顾收到的反馈，并审视自己对反馈做出反应的方式。当收到关键的反馈时，他会努力以建设性的方式回应。为此，他有时候需要更加明确地阐述某项行动，这是必要的，而且是不可避免的。有时，针对反馈他会对计划进行适当变更，在这种时候，他往往会以前瞻性的方式采取行动。

## 实践

· 欢迎反馈并建设性地做出回应。

· 你要认识到，反馈对给予者和接受者的影响同样大，所以不要介意别人的反馈。

· 在回应反馈时，要清楚地阐明你选择某个未来方向的合理性。

· 你要认识到，对反馈的正确回应方式通常不是改变方向，而是改变方法。

# 59 保持人们的注意力和参与度

注意保持大家的注意力和参与度，了解不同群体的喜好。

## 理念

有些人会把全部精力放在日常工作上，即不想花太多时间思考长期变革。他们要么指望由别人来考虑长期变革的事情，要么对即将到来的变革视而不见，原因是他们不想面对变革，或者觉得变革会分散他们在日常工作上的精力。你可能很满意看到这些人专注于日常工作，但是在需要决策的关键时刻，你会希望得到他们的全部注意力。

而有些人则会不断寻求你的关注，他们会经常问你接下来的计划。他们之所以关注下一步，可能是由于他们真的担心未来的计划能否完成，还可能来自他们内心的焦虑。因此，你需要找到一种让他们放心的办法，这样他们就能够专注于日常工作，不会因为对未来感到焦虑而导致工作效率降低。

你还要意识到某些小群体的动态也非常关键。你要知道如何保持他们的参与度，确保他们着眼于未来，而不是纠结于过去。

乔知道有一个地方的员工希望他定期来访，而另一个地方的员工似乎过于沉默。乔不知道这意味着什么，所以，他计划在项目早期就造访那些沉默的员工，以便了解他们是否有一些潜在的担忧。他还知道，在要求他频繁来访的那个地方，有一些人其实对变革的方向非常不满，还有些人在煽动不满和不安的情绪。他认识到，面对这个地方的员工，他需要直接、明确地说明即将到来的变革的好处，告诉他们目前分散办公的状态不可能持续下去。

### 实践

- 注意哪些人反应积极，哪些人过于沉默。
- 想清楚哪种参与方式对不同人群最有效。
- 当重要人士的观点引发人们的质疑时，一定要小心。你要仔细考虑如何与这些地点的大部分员工以及煽动不安情绪的个别人打交道。

# 60 谨慎地表达情绪

你的情绪可能远比语言更有影响力，所以你必须谨慎地选择表达情绪的方式。

## 理念

对我们来说，人们的情绪反应是重要的数据来源，它们可能是我们最大的资产。但是如果我们让情绪过多地影响自己与他人交往和对待他人的方式，这也可能成为我们最大的负担。

你希望做一个真诚的领导者，让人们看到你平易近人和高尚的一面，表达情绪是你人性的一部分。但是，过度表达情绪会产生一种距离感，让人感到忧虑，甚至恐惧。如果你是一个开明和慷慨的人，你的员工、同事和客户就会对你做出更热情的回应；但是，如果你是一个过于轻率或易怒的人，他们可能就会怀疑你能否领导他们走出困境。

最优秀的领导者都很了解自己的情绪，会花时间来解读这些情绪，然后在制订未来计划、处理各种问题以及与别人互动时合理地利用这些情绪。每个人都想得到领导的某种认可，因此，你非常有必要明确你赞赏哪些做法，并热情地给予认可。

当你感到沮丧、失望或生气时，你一定要谨慎地表达情绪，这是衡量一个领导者成熟程度的标准。你最好让自己不受个人情绪影响，这样你的沮丧只是因为某个问题进展缓慢，而不是因为某个人。这样，别人会觉得你说的话不那么具有威胁性，从而能够以更加建设性的方式看待接下来的工作。

有一群员工似乎对未来的变革采取“鸵鸟政策”，这让乔越来越感到恼火。乔很沮丧，他的第一反应是直接告诉这群人，让他们面对现实。但是，他意识到解决这一问题最有效的方法是和他们举行一场开诚布公的会谈，向他们解释变革的潜在好处，以及这些好处可能会对他们在一起工作的方式带来什么影响。乔很好地控制了讨论进程，整场讨论的焦点都放在可能的进展和共同面对的问题上，他从头到尾都没有直接批评员工。随着讨论的深入，乔决定要更加直接、坦率地告诉员工们变革是不可避免的。他通过坚定的语气表达自己的情绪，同时在面部表情和肢体语言上保持热情和专注。他希望将信息直接传达给这个群体，但希望采取一种尊重而不是不屑一顾的姿态。

**实践**

- 你的情绪能传达很多信息，你必须认识到这些信息的重要性。
- 你宣泄的情绪可能会带来适得其反的效果，这时一定要保持警惕。
- 你有时候说话的语气需要坚定、直接，同时用肢体语言让别人意识到你是认真的。
- 每当你感觉情绪可能要失控的时候，准备好退后一步，再决定如何表达你的观点。
- 要与别人产生情绪上的共鸣，而不是抵触。

# 应变

应对快速变革100法

# 第十二章

# 赢得支持

# 61 知道谁是你的支持者

你要知道谁是你的支持者，并让他们充分了解情况。

## 理念

在困难时刻，你可能会感到孤独，觉得变革项目的全部责任都压在你的肩头。在这种时候，你有必要提醒自己谁是你的支持者。任命你担任这个职务的也许是一个人，也可能是一个群体，他们希望你取得成功。有些人会从你领导的项目中受益，因此会在困难时支持你。

你可能会在意想不到的地方找到支持者。公司里的高层可能已经认可了你的才能，因此会大力支持项目。他们可能一直在给予你支持，但你不知道他们在项目中的参与程度和影响力。

所以，你得知道谁可以成为你的支持者，然后决定花多少时间和这些人打交道。在这个过程中，你必须清楚他们为什么有可能支持你，是因为他们支持你所领导的项目，还是因为看好你个人。

你的一些支持者可能会退缩，尤其是当他们看到项目的某些方面进展不顺利时。所以，在遇到问题的时候，你必须清楚地告诉他们你的下一步计划。在财务部面前，你可能需要把事情的来龙去脉一五一十地解释清楚。但是，你的支持者想知道的是你已经发现了这个问题，并且已经制订了解决方案。

乔的老板任命他担任这个职务，他知道老板非常支持他。所以，他对老板非常坦诚，经常找他讨论问题和下一步的计划。乔知道自己需要让老板充分了解项目进展，并且会和他讨论一些紧迫的问题。他也知道公司的总经理（他老板的上级）也很支持他。虽然这位领导不想介入项目的细节，但是为了让她放心，乔也意识到他需要不时地让她知道项目的进展。

另外，乔还希望得到财务部和人力资源部相关领导的支持。为了确保财务负责人不会总追着他问问题，他和对方商定了一个定期通报进展的时间表。乔知道，在一些关键时刻，他需要得到招聘主管的支持，确保人员招聘快速到位，因此，他也必须赢得这位主管的支持。

### 实践

· 仔细识别谁是你的支持者。制订一个计划，向你的支持者通报项目进展。

· 如果项目进展不顺利，导致你可能失去某些人的支持，你一定要当心。

· 你要知道，有些人会支持你，但是不愿介入项目的细节中。对于这些人，你偶尔让他们了解情况即可。

· 记住，你一定要让支持你的人充分了解项目的进展。当你需要从他们那里获得资源的时候，你要让他们相信当前的投入在未来是值得的。

# 62 知道如何激励他人

谨慎选择激励不同人群的方法。

## 理念

你在过去是怎么被人激励的？是不是有人向你详细解释了未来的可能性？还是别人描述的未来愿景吸引了你？或者是有人以令人信服的方式描绘了一种做事情的方法，或一种让你觉得非常有吸引力的互动方式？你有必要思考一下，那些曾经激励过你的方法是不是也能激励别人，还是说这些方法只对你有效。

面对任何群体，你都得思考哪些激励方式对他们有效。在此过程中，你要考虑到这些人的个性和背景。对某些人来说，你需要先让他们相信细节，他们希望听到的是你已经全面考虑了所有关键要素。对另外一些人，你需要让项目的未来有说服力，能够引发他们的想象，这样他们就愿意积极、有目的地参与到这个愿景中来。

你可能会想当然地认为你可以通过讲话来激励别人。不过，一个更好的方法是，你可以邀请别人思考哪些因素可以激励他们，然后观察他们的反应。许多人不喜欢听人指挥，如果能在项目中发挥重要作用，他们就会受到鼓舞。

乔曾经问一群态度积极的员工，什么可以激励他们。他们的回答是“建立更多共识”，即定期沟通，并且就如何更好地利用信息技术来提升工作效率交换看法。

另外一个群体表示不知道什么能激励他们。因此，乔把问题改成了“什么能让他们更加积极地看待接下来的计划”。这些人就此谈论了他们的担忧和希望。从他们的话语中，乔找到了一些关于语言和例子的线索，可以用来鼓励这些人更加支持必要的变革。为了拓展关于如何更好地激励不同群体的知识，乔经常阅读关于重大变革的书籍和文章，他从中学到了许多新窍门，然后时不时地进行尝试。

## 实践

- 不断观察谁能激励你，他为什么能激励你。
- 问一个开放的问题：什么能激励你的同事？
- 为了找到最能激励个体和群体的方法，你要不断改变你的方法。
- 你要认识到，激励来自让别人认同实施变革的可能性，而不是空洞的说辞。

# 63 识别和说服质疑者

质疑者不容忽视，你需要与他们接触，把你的计划讲清楚。

## 理念

质疑者能给你带来帮助。他们会问一些关键问题，能够让问题浮出水面，并且得到解决。没有质疑者，你可能就无法做好应对暴风雨的准备。所以，你需要引导质疑者，理解他们的问题，并与他们接触；你需要与他们对话，深入地探讨他们的观点，认真审视问题，不要被个性所左右。

你需要对质疑者有一定程度的包容。你需要找到一种大家都同意的方法，来分析质疑者的观点，在此基础上决定前进的方向。即使团队中有质疑者，只要已经做出决策，整个团队就应该就共同承担责任达成一致。你可能想让质疑者加入团队，这样他们的观点就可以得到充分表达，为未来的解决方案做出贡献。但是，许多质疑者更喜欢扮演局外人的角色，这样他们就可以继续发表批评言论，而不用承担任何责任。

为了解并分析质疑者的观点，你有必要花时间与他们接触。但是，当谈话没有效果时，你需要认识到必须给具体的争论设置一条底线，然后坚定地采取行动。你可能需要与质疑者求同存异，关键是，你要确定他们的观点对你有没有帮助，或者是否会成为导致项目状况不断恶化的根源。

有时候，对某些质疑者和公司来说，最好的解决方案是分道扬镳。如果有人非常不认同公司的变革方向，那么让他们继续担任当时的职务既不符合他们的利益，也不符合公司的利益。但是，千万不要因为你不喜欢自己的权威受到挑战而把质疑者踢出局。

在公司里，有三个质疑乔的人。但是，乔与他们的合作相当密切。他会花时间去了解他们的关切点，还会仔细地向他们解释进行变革的合理性。他鼓励这几个人到其他曾经发生过类似变革的组织中去走一走、看一看。之后，有一个人开始相信乔的计划是合理的。后来，这个人成了乔的坚定支持者。第二个人接受了乔的合理性，并默认了他的方法，但是永远不会成为支持者。第三个人反而更加觉得不安，因此开始另谋高就。乔尊重这个人的选择，很高兴地为他写了一封热情洋溢的介绍信——他知道这名员工在其他组织的成就会更高。

## 实践

- 你要认识到质疑者可以给你带来宝贵的意见。
- 选择正确的方式与质疑者接触，让他们感觉自己在为寻找解决方案做出贡献。
- 你要认识到，能否赢得质疑者的支持，反映了你的方法是否有效。
- 承认这样一个事实：有些质疑者会离开组织。把这看成一件不可避免的事情，不要把它当成一种失败。

# 64 与有影响力的人合作

找出那些能够让别人倾听的人。记住，说话嗓门最大的人不一定是最有影响力的人。

## 理念

当我是一名高级公务员时，我必须知道国务卿会倾听谁的话，这其中可能包括负责为国务卿收集信息的特别顾问。我们必须跟这些大权在握、有时有点古怪的人建立良好、坦诚和建设性的关系。议会私人秘书和相关的议会党鞭也很有影响力，尤其在执政党是微弱多数派的时候。另外，国务卿还可能向他信任的外部专家征求意见。

作为首席私人秘书，我与这些深具影响力的人之间的良好关系让我了解到他们的偏好，并且可以在关键时刻与他们交谈，这使我能够就国务卿思考的方向为其他官员提供合理的建议。

在领导变革项目时，你会觉得自己在有影响力的人面前不堪一击。所以，你需要离他们足够近，这样才能尽早得知他们下一个新的想法——希望越早越好，这样你才能够在他们开始行动之前与他们进行讨论。在你负责的任何监督或治理机构中，都可能有一些有影响力的人。你要努力了解这些人，决不能把他们当作不知名的官僚或没用的业余人士。

那些在会议上发言嗓门最大的人往往会遭到别人的反驳，因为辩论是完全公开的。更糟糕的是，有人会试图以某种可能破坏项目势头的方式在幕后施加负面影响。

乔发现，在一个地方，有两位工会官员在员工中间特别有影响力。因此，乔花时间向这两个人详细解释了变革的合理性，却发现有人期望他们代表工会成员发出更多批评的声音。乔尽全力向他们证明，他想确保变革能够给员工带来尽可能好的成果，而且灵活的工作安排能够满足员工数量不断增加的需求。他还向这两位工会官员寻求建议，了解他们认为接下来如何进行沟通最好。尽管乔认识到他迟早需要对某些问题表达坚定的观点，但是他从不寻求对抗。

### 实践

• 以系统性的方式倾听那些在你看来非常有影响力的人的看法。但是，你也要清楚他们能够对项目结果施加负面或正面影响的程度。

• 愿意花时间与那些你认为非常有影响力的人建立良好、坦诚的关系。

• 有时候，你花时间和别人建立了良好的关系，但是有人会用你提供的信息来反驳你支持的观点。这种时候，你一定要克制，千万不要与他们对峙，因为这么做很可能适得其反。

• 从拥有正面影响力的人那里吸取有关实践的经验教训。

# 65 广结善缘

你必须和各种有潜在影响力的人建立共识和信任。

## 理念

做一个好的企业公民很重要，其原因有很多。高效组织的核心是相信公司治理的人——他们不会仅仅关注他们各自的责任领域。你对公司的贡献越大，你就越能看到各类人士的潜在决策所能带来的影响。你越是支持你的同事，他们越可能在你需要的时候支持你。

广结善缘不是为了让别人都欠你人情。你花时间和精力与别人接触，是因为组织的成功取决于每位员工都把工作做好。当你鼓励、支持或指导同事时，你就是在为整个组织做有利的事情。这不光是为了自己的利益。

通过在别人身上投入时间和精力，你可以广结善缘，在关键时刻借助这些人的力量。但是，这并不意味着不管做什么事情，你都能指望得到别人的支持。这么做是为了树立一种信誉，让同事们愿意花时间和你讨论接下来的计划，并且愿意在仔细权衡决策和进度计划的前提下给予你信任。在变革项目中，你有时候需要让别人接受他们不满意的变革，在这种时候，你跟同事们的关系越好，他们就越有可能同意让你继续推进项目，因为他们尊重你实施变革项目的方式。

每个周末，乔都会回顾自己是如何分配时间的。他的经验是，每周至少要花两到三小时直接与同事沟通，要么把事情讨论清楚，要么进行指导。这包括组织中在其他地方办公的员工——在他们身上所花费的时间和精力是一种长期的投入。就这样，一传十，十传百，组织中的员工都觉得乔是一个合适的人选，遇到问题时可以找他讨论。这样，在整个组织中也就有越来越多的员工开始尊重并信任乔的判断。他这么做的部分原因是他喜欢这种沟通方式，也是因为他可以看到团队信心和效率增长所带来的好处。

名声越来越大之后，每当乔向核心部门提出增加资源或提高灵活度的建议时，他都会得到热情的回应。不过，他不会一直坚持己见，而是经常倾听别人的看法。

**实践**

· 花时间与同事们把问题讨论清楚。

· 主动为处理难题的人提供指导。

· 和过去曾经密切合作过的人保持联系，因为你们有可能会再次合作。

· 知道你和哪些人建立了良好的关系。

· 谨慎地利用这种良好关系，但要确保你没有利用别人对你的喜欢和尊重。

# 应变

## 应对快速变革100法

# 第十三章

# 践行你的价值观

## 66 建立信任

建立信任需要很长时间，信任却可能在瞬间失去。

### 理念

在领导重大变革项目时，你必须建立一种强烈的信任感，你需要在项目的支持者中建立信任关系。为了让人们相信决策是有充分依据的，你要制定项目的治理措施。在合适的时间与合适的人对话，并确保谈话的开诚布公，这是建立信任的关键一步。良好的项目治理不是可有可无的，为了项目的成功，我们必须获得相关方的承诺，在此过程中，良好的项目治理是必不可少的。

建立信任需要时间，在此过程中，人们会相互倾听，了解彼此观点的合理性。当人们在一起工作，并且看到创造力和高效沟通带来的进展时，他们之间的信任也会随之加深。

但是，一旦一方对另一方感到失望，信任就会丧失。当进度计划没有达成或承诺的行动项目没有完成时，信任度就会降低。当有人在会上表达观点，之后却矢口否认的时候，大家对他的信任很快就会荡然无存。

如果你觉得别人可能认为你破坏了信任，你就必须与他们沟通，把你的动机讲清楚，让他们知道你采取某项措施的原因。

海伦正在领导一个大型信息技术转型项目，公司花大力气宣传过自动化所能带来的好处。作为项目负责人，她的声誉取决于能否兑现公司所承诺的好处。

海伦知道客户组织内部对该项目有一些质疑的声音，她选择直面这种质疑。她相信自己和同事能够完成这个项目，不过，她也知道盲目的信任并不能带来成功。她要不断确认同事们有能力按照他们承诺的进度计划高质量地完成工作。有时候，下一阶段的项目交付可能出现风险，在这种时候，海伦会集中精力进行干预，同时保持客户组织、同事和下属之间的信任。她知道，为了维护与客户组织的信任关系，她必须直接向自己的公司提出一些要求。

## 实践

· 你自己需要想清楚，在需要交付什么结果以及如何交付方面，与关键相关方的信任关系意味着什么。

· 如果你觉得你和你的组织有被认为不值得信任的风险，你就要尽快彻底解决这个问题。

· 你要认识到，如果你在小问题的处理上赢得了信任，那么别人就会相信你有能力处理更大的问题。

· 记住，如果不能对别人坦诚相待，你可能会瞬间失去他们的信任。

# 67 定义共同的价值观

当团队成员持有相同的价值观时，他们会更有可能找到建设性的解决方案。

## 理念

对项目破坏力最大的状况是，两个群体自以为是、固执己见、彼此戒备，拒绝与对方沟通，只知道整天喊口号。

我曾经与一个负责大型变革项目的团队共事。其间，我经常要求他们找出在团队协作和与员工及客户互动过程中的基本价值观，我要求他们思考其他人是否认可他们的价值观。在理想的情况下，我会与不同的利益群体进行一些实地调查，来确定他们表达基本价值观的方式，以及人们对这些价值观的看法。

领导变革项目的团队可能会从上一级组织中继承一套价值观。这些价值观可能是完美的试金石，团队用这些价值观来评估他们的方法，其他人也可以用它们来评估团队。但是，你可能需要考虑在变革项目的特定背景下如何应用这些基本价值观。与价值观的细节相比，向别人解释这些价值观是什么以及如何对它们进行应用和评估的过程更加重要。

你必须建立一个反馈回路，通过这个回路，坦诚地与别人讨论价值观的应用程度，并且识别仅仅部分应用这些价值观所导致的问题。

海伦知道组织中有很多人私底下感到不安，他们几乎没有共同奋斗的感觉，也没有共同的价值观。所以，她开展了一系列开放式对话，讨论团队工作的基础价值观应该是什么。一些参与者想专注于日常工作，认为讨论价值观是无关紧要的；也有人认识到了寻找相同价值观的意义，即这些价值观作为试金石，可以用来检测组织未来前进的方向。

久而久之，大家逐渐认识到，在重大变革期间，组织运营应该有开放、以事实为依据、诚信和良好沟通等价值观。他们仔细讨论了这些价值观的含义，评估了他们之间的关系是否符合这些价值观。最后，大家都认可这些是正确的价值观，并相信这些价值观可以让他们有所作为。随着时间的推移，项目的成功与否便在很大程度上取决于海伦对这些价值观的重视程度。

### 实践

- 坚持讨论共同价值观的重要性。
- 留出时间来讨论价值观，并思考它们的含义。
- 愿意提倡和维护价值观，即使在某些情况下这么做可能会很痛苦。
- 允许他人测试你在多大程度上践行了你的价值观。

## 68 遇到挑衅，也要坚持你的价值观

---

坚持践行价值观，即使在受到挑衅的时候，你也要坚持到底。

---

### 理念

一套共同的价值观为审查决策和行动提供了建设性的基础，通过与团队协商和沟通，确定一套共同的价值观，是一件非常有趣的事情。

当你和你的团队考虑如何开始下一阶段工作或处理难题的时候，价值观可以作为宝贵的试金石。你几乎不可避免地会遇到这种情况，即你的价值观得不到组织内外的其他人的充分理解。你也许跟团队讲，等忙过了这周，他们周五就可以17：00下班。但是，如果你的团队把服务的交期延迟到了下周一，某个关键客户可能会觉得你的团队服务态度不好。而你的团队可能非常重视严格的质量管控，并且面临着来自销售部门要求提高生产率的压力。此时，你必须仔细思考这种价值观与重视团队成员之间有什么关系。

当你的价值观遭受到压力时，你可能觉得自己受到了挑衅。这种时候，你首先得了解那些你认为在挑衅你的人的关切点。从他们的角度来看，他们没准觉得他们的方法不仅完全符合组织的价值观，而且符合你所倡导的价值观。

重要的是，你要与他们进行坦诚、开放的对话，让对方知道你不仅理解他们的关切点和价值观，而且知道这些价值观是如何影响

你自己的方法和决策的。当你觉得被挑衅时，不要匆忙做出反应，也不要生闷气或抱怨，你应该仔细识别自己的情绪。

财务部要求海伦加快进度，这让她感到压力很大。她希望在转型项目完成的时候能够尽可能交付高质量的服务，为此，她需要进行广泛的咨询，了解什么对客户最重要。但是，为了实现财务目标，财务部要求她加快项目进度。海伦坚持与财务部沟通，绝不让近乎挑衅的电子邮件激怒自己。她坚持关注自己的方法所能带来的长期价值，而且她从来不抱怨财务部，因为他们只是在做自己的工作。所以，她会坚持一贯的方法，坚守组织的价值观，关注所领导项目的长期收益。

## 实践

- 当你的方法受到质疑时，尝试去理解别人有不同看法的原因。
- 坚持向别人解释为什么价值观对你的工作和整个组织都很重要。
- 在和那些挑衅你的人沟通时，一定要保持冷静。
- 分享一些证据，证明践行价值观让你和你的团队做到了一些你们一度认为不可能做到的事情。

# 69 知道如何处理道德上的难题

你有必要在道德难题出现之前，提前考虑好如何处理它们。

## 理念

道德难题有许多不同的形式。你领导变革的方法可能意味着有些人的工作要么被取消、要么被改变。那么，你会如何权衡这些选择？经济形势不佳可能迫使你大幅裁员，一些顾问对此会说：“如果将变革推迟六个月，经济可能会好转。”你可能正在权衡是让某些人继续留下来，还是劝他们另谋高就。这些人也许有较高的技术能力，但是可能在项目中起到了反作用，有时会表现出不道德的行为。所有这些情况，你都要进行权衡。财务和经济方面的因素会影响你的态度和行为，导致你可能面临道德层面的难题。

但是，许多潜在问题是可以提前预知的，在必须进行决策之前，你越早冷静地思考问题越好。

在这种时候，你必须处理一些肯定会出现的情况。比如，你有一位重要的团队成员，他的工作对下一阶段至关重要，但是这个人可能已经失去了冷静，出现了不当的行为。你是立即处理这种行为，还是忽略它，或者等到对方停止不当行为并开始反思之后再去与他对话，关键在于，你要了解这种不当行为背后的原因。哪种做法正确，取决于实际情况和所涉及的人。但是，不当行为确实需要及时得到处理，否则不满情绪就会加深，不当的行为会成为常态。

海伦发现她的一个核心员工可能看上去很令人生畏。他很擅长制订并遵守进度计划，但是他的方法在别人眼里显得有点专横和教条。有几个年轻的女性分析师很聪明，但是还没有足够老练，不知道如何应对这样一位意志坚定的经理。海伦发现，如果她的这位经理不改变方法，就可能存在被投诉被压制的风险。同时，她也不想失去这位经理的专注和坚定，她想鼓励他通过更具建设性的方式来激发自己的潜力。

海伦坦诚地与他讨论了别人会如何解读他的方法。同时，她还与几位年轻的女性分析师分享了如何与这位经理共事，如何学习他的经验而又不会被他的方法吓到。这位经理的改善程度比较有限，所以海伦知道自己需要密切关注他的行为。

### 实践

· 识别你在工作中可能面临的道德难题。

· 与一两个值得信任的人好好谈谈你会如何处理这些难题。

· 在任何团队中，确保团队成员就如何处理此类潜在难题达成共识。

· 在采取行动后，你要愿意向别人解释你做了什么以及你为什么这么做。

# 70 无论在什么情况下都要保持正直

在处理意外情况时，保持冷静和果断是保持正直的关键。

## 理念

问题是不可避免的，生活充满了各种让你出乎意料且不希望看到的事情。即使我们已经制订了周密的工作计划，但是其他人的决定还是可能会对计划产生巨大影响。比如，一位重要客户可能改变主意、赞助商可能会撤资、组织里其他部门或竞争对手的决策导致财务状况的改变等。

保持正直说的是，与你个人认为重要的价值观要保持一致。你很清楚正直很重要，但是当你分享一些敏感信息的时候，还会保持正直吗？你注重坦诚交谈，但是当你就某个敏感问题咨询别人的时候，还会保持坦诚吗？你一直大力支持你的领导，但是当你对他们的方法和态度表示怀疑的时候，你还会支持他们吗？

保持正直的意思是，你要坚守你的价值观，选择正确的时机表达你的保留意见，知道别人什么时候最有可能倾听你的意见，并且接受你的担忧。保持正直也意味着不要逃避和疏远他人，要通过建设性和富有成效的方式与他们沟通。正直的人从来不会哗众取宠或大声指责他人，大声指责别人的不当行为或进行要挟是一种严重挑衅的行为，只有在最极端的情况下才被允许使用。

海伦很清楚，她所领导的转型项目能够给公司运营创造长期效益，但是短期内可能会给公司运营造成影响。运营总监比尔比较固执，他认为该项目在短期内也不会影响运营，并且一直在强调这一点。海伦知道自己得挑选合适的时机，向比尔好好解释接下来的计划，以及随之而来的一些影响。但是，比尔的敌意越来越重，他坚持要求项目不得有任何短期影响。

海伦认为比尔的方法不现实。结果，比尔开始指责海伦没有倾听他的意见，而且过于关注项目、不关心业务，他的火气越来越大。不过，海伦发现还有其他因素导致了比尔的这种反应。所以，即使比尔的方法比较片面，无益于解决问题，而且他表现得过于情绪化，海伦还是保持了冷静。她坚信，自己在这种情况下依然能够保持正直。因此，她坚持倾听比尔的意见，让他看到项目先前进展的证据，而没有被他的行为吓倒。

## 实践

- 在你的领导力中，找出与正直相关的关键要素。
- 要承认别人可能与你有不同的优先考虑因素，因此会把你的正直视为一种负面影响。
- 在受到逼迫时，你要清楚自己的底线是什么，知道在合适的时候说“够了”。
- 总是愿意向别人解释你的正直是如何影响你的决策的。

# 应变

应对快速变革100法

# 第十四章

# 树立信誉

# 71 树立团队信誉

转型项目的成功及其信誉取决于整个团队的有效性。

## 理念

在刚加入项目时，你可能拥有良好的信誉。你可能有丰富的相关经验，但是项目的成功取决于整个团队的努力，而不仅仅是你。你希望设定一个明确的方向，确保让你的团队充分了解情况，并充满动力。如果团队中有薄弱环节，你的客户可能会开始质疑整个企业的有效性。只要有一个链环断裂，整根链条就会坏掉。当企业需要快速行动时，只要有一个弱点，就会对团队士气产生毁灭性的打击。

作为领导者，你必须花时间物色合适的人进入项目团队，如果对某个人存在疑问，你不如重新招一个人，也不要任命一个让你不放心的人。

当团队的工作全面展开时，你有必要定期审查工作链中哪些是优势环节、哪些是薄弱环节。在强环节上，你要保持优势；在弱环节上，你要知道需要采取怎样的鼓励或发展举措来补足短板，这符合整个团队的利益。有时候，你必须将能力不足的团队成员替换掉，否则整个团队的优势就会受到削弱。

确保团队成员相互理解并且有效合作，可以提高团队信誉。为此，你必须投入时间和精力，在团队内部进行能力建设，激发他们的积极性，观察团队如何与合作伙伴和客户互动。通过审查不同相关方对团队的看法，你可以知道如何推动团队向前迈进，并以建设性的方式建设团队。

海伦非常注重与公司内有影响力的人进行沟通，了解他们对她的团队中各个成员所做贡献的看法。有时，她需要谨慎地考虑这些观点，因为这些观点不仅体现了这些人的看法，也包含着许多关于他们的信息。她希望全面了解情况，以便理解不同团队成员的工作方式所带来的挫败感，她需要知道团队成员采取行动所造成的后果有多严重，还是有团队成员没有采取有效的措施规避风险。

## 实践

- 在建立团队时，寻找一些能提高整个团队信誉的人。
- 仔细检查工作链中的每个环节，评估哪些弱点可能会削弱整个团队的优势。
- 向信任的人征求意见，以便识别工作链中的强弱环节。
- 直接鼓励团队成员，当某些不合格的团队成员可能危及整个团队的信誉和名声时，要勇于正视。

## 72 明确态度变化背后的事实

别人的态度会因为不可预测的原因而改变，所以你必须知道这背后的原因。

### 理念

当你领导一个变革项目时，别人的态度可能会突然转变。有时候，你觉得某些人是项目前进路上的障碍，但是这些人的态度突然转变，从批评者摇身一变成了你的盟友；还有的时候，一些看上去非常认同项目计划的人突然开始以强硬甚至威吓的方式提出反对。面对其他人的情绪化反应，你可能会本能地做出情绪化的应对。接着，你的情绪波动幅度会加大。

但是，越是这种时候，你越要冷静地思考这些人态度转变的原因是什么。这可能意味着，你为推动变革所做的细致工作终于说服了一个质疑者；还可能因为有支持者私下和某个质疑者进行了交流，说服他们相信这些变革的好处。

但是，更令人担忧的情况是，一些曾经对变革持默许或支持态度的人后来变成了批评者，你有必要找出导致这种态度转变的因素。在转变态度之前，这些人肯定经过了一些考虑，也许是你表达观点的方式无意中让某人感到不安，也许是发生了其他事情导致你所领导项目的结果对这个人来说变得更加重要。也许某人在你所领导的项目中看到了一些长期的影响，而你自己之前没有注意到这些影响。与其和新的批评者发生冲突，还不如努力找出他们发现了哪些需要适当考虑的风险。

公司的副首席执行官一直支持海伦；她觉得他私底下对该项目是比较认可的。但是，后来他的态度突然从亲切友好转变成了质疑，并且开始问她一些尖锐的问题。通常，海伦能很好地回答这些问题，但是这位副首席执行官似乎对转型项目持相当批判的观点，这让她很担心。

海伦觉得他的干预让自己越来越不耐烦。于是，她决定开诚布公地询问他，究竟项目的哪些方面让他担心。这位副首席执行官高兴地与海伦进行了交谈。其间，他分享了另一个失败的 IT 转型项目的经验，并且表示他越来越担心这个项目能否百分百交付组织需要的结果。海伦和这位副首席执行官一起审查了双方共同参与过的一些 IT 项目的数据。通过这次谈话，双方都对项目的前景更加放心了，这也是双方共同的需要。

### 实践

- 当别人的态度转变时，你要知道这种转变的背后肯定有深层次的原因。
- 在讨论的时候不要带有个人情绪，对事不对人，不要受情绪支配。
- 对态度转变保持好奇心，相信你可以通过理解这些转变获得新的见解。

## 73 发布有关项目进度的证据

如果只有你知道项目的进展，那你就要小心了。

### 理念

你或许觉得项目已经取得了很大的进展，没准你的团队内部成员们也这么想。在你的脑海里，你知道目标是什么，而且你已经达成了那个目标。但是，两个关键的问题是：这个进展是真实的还是虚幻的？有没有其他人也认可所取得的进展？

我们喜欢让自己清楚项目的进展，这是一种自我激励的方式。为了保持积极性，我们需要相信自己正在取得进展，但是我们必须接受现实的考验——其他人是不是也相信项目正在取得进展？所以，在进展的证据方面，你必须向团队成员询问一些尖锐的问题，以便确保对进展的评估是符合现实的，同时向那些对进展感兴趣的人提供相关数据。

能否以令人信服的方式发布有关项目进度的证据，取决于你能否找到一种方法和基调，使接受者们觉得你把他们当成对项目负责且感兴趣的相关者看待。对一些人来说，发布项目进展的证据可能很简单，比如发送几条提要，简要说明当前方法的成效良好。但是，对技术专家来说，在发布项目进展的证据时，就必须提供详尽的数据，因为他们知道别人会认真对待这种专业精神。

那些对转型项目的结果感兴趣的人希望定期了解项目的进度，

这样他们才知道你会认真考虑他们的关切点，而且项目正在取得进展。

海伦的团队面临非常紧张的最后期限，每位成员都想专注于自己的工作。最开始收到提供进度证据的要求时，他们觉得这会分散完成本职工作的精力。而海伦则坚定地要求他们收集并分享进度证据，并且让他们知道这么做是在全公司内赢得广泛支持的关键。团队需要与广大利益相关方建立良好关系，并且在关键时刻需要他们的支持，因此，海伦一丝不苟地每两周向全公司发送一份简短、真实和坦诚的工作进度简报。在简报中，她总是措辞谨慎地介绍转型能带来的好处，即使其不可避免地会产生一些短期影响。

## 实践

· 不要掉入这样的陷阱，即你自己觉得项目取得了进展，其他人却不这么认为。

· 严谨地核实你认为已经取得的进展能否得到其他人的认可。

· 一丝不苟地发布项目进展的证据，在全公司范围内赢得支持。

· 对项目进展有利的信息的重复是必要的，你得承认这一点。

## 74 坚决戳穿谎言

谎言会产生潜在的影响，破坏信誉和协作。

### 理念

当有人一而再，再而三地跟你讲他们没收到你的电子邮件或信件，你就会开始怀疑可能发生了什么问题。当有人不停地告诉你项目进展顺利，却没有提供任何支持性证据时，你可能怀疑实际的进展到底有没有别人说的那么顺利。当有人只强调进展顺利的工作，而对进展缓慢的部分闭口不提时，你可能怀疑他们的信息是否准确。

我们可能都记得这样的场景，即我们面临交付的压力，但都希望尽可能让进度报告做得好看；同时我们可能也记得这样的场景，即对项目面临的挑战闭口不提，这可能会对项目长期的进展不利。我们希望让大家认为项目进展一切顺利，但是真正成功的项目要求我们绝对诚实，不仅要找到进展顺利的迹象，还要找到进展受限的证据。

半真半假的谎言（即以特定的方式掩饰真相）会引发风险。我们可能相信（或希望相信）支持自己偏好的行为或结果的证据。这个时候，我们要自问："这个证据有多充分？"这可以帮助我们回到现实，让自己和其他人相信某个特定的方向。

如果某个人或相关方公然说谎，他们要么在自欺欺人，要么在故意捏造。当你发现有人在故意捏造时，你必须直面这个问题的本质。当某人说谎成性，或者公然捏造事实的时候，他们可能必须离开团队。

要让其他苹果保持新鲜，你就必须尽快把烂苹果从桶里丢出去。一位经理一直让海伦不要担心进度问题，却没有提供充分的进度证据，这让她越来越不放心。海伦发现这位经理承受着巨大的交付压力。她清楚地告诉他，他需要对进展情况和未来的风险绝对诚实。但是，在一次外部审查中，审查员在该经理所负责的领域发现了重大问题，而且有许多问题没有得到解答。在受到海伦的质问时，这位经理的防备心非常重，甚至开始把问题归咎于别人。海伦要求他在一个星期内制订出明确的计划来解决这些问题，否则她就会要求他辞职。

### 实践

- 当有人没有对你绝对诚实时，你要保持警惕。
- 当事实被扭曲时，你要坚定地要求别人诚实地评估证据。
- 要让别人看到，每当有谎言或不清晰的地方时，你都会直接面对。

## 75 认真准备困难对话

别人通常根据我们处理困难对话的方式，对我们进行评判，所以我们有必要花时间和精力好好准备这类对话。

### 理念

处理困难对话的风险在于，我们要么直到最后一刻才进行准备，感觉自己必须"赢下"对话，要么过于焦虑，导致准备过度。

对任何领导者来说，困难对话都是不可避免的。只要你处理过一些困难对话，你就能意识到自己可能的情绪反应，以及在这类对话中，哪些策略的效果好，哪些策略效果不好。在准备进行困难对话时，你要收集适当的证据和事实依据，但是你无法预测对方会问的每一个问题，也就无法对每种可能性给出最完美的答案。为了有效地准备困难对话，你要清楚根本事实、你想表达的要点、谈话对象可能会出现的反应以及你想达到的目标。

当你知道自己会跟其他人进行一场可能的困难对话时，你有必要谨慎地选择对话的时机和地点。你也许需要提前通知对方你希望讨论某个具体的话题，你也许会在一场正在进行的讨论中加入对话环节。在第一次对话中，你可能需要陈述你的关切点，这可以促使其他人首先仔细思考他们的观点会带来哪些影响，然后再进行第二次实质性的对话。

如果你的客户和员工之间在理解和期望上存在分歧，你可能需要与他们同时进行困难对话。如果有适当的时机，你可以与他们一起交谈，但是，如果关键客户和你的员工之间缺乏共识，你可能得先找双方单独谈谈。

你要让你的员工知道，你愿意和他们、客户以及组织中的其他人进行困难对话。你还要让他们知道，由于这类对话可能导致冲突或重大分歧，在进行对话之前，你希望先跟他们仔细讨论相关证据。

海伦发现，组织内的一位董事和她的一名关键员工意见不一。海伦的这名员工态度粗鲁，而且过于敏感。另外，海伦也意识到这位董事可能要求过于苛刻，不愿意了解实际问题。于是，海伦分别和这两人进行了一次对话，为此，她进行了精心准备。在对话中，那位董事虽然脾气暴躁，但还是认可了海伦的观点。另外，那位员工面露愠色、愤愤不平，觉得海伦没有全力支持她。因此，在进一步梳理自己的观点后，海伦和这位员工进行了第二次对话。在此过程中，海伦密切关注进展，她知道自己过段时间可能要把这两个人叫到一起进行一次对话。

## 实践

- 把困难对话视为工作中不可避免的一部分。
- 分配时间，仔细思考进行困难对话的方法以及你想实现的关键目标。
- 努力理解每个人可能对你所说的话会产生什么反应。
- 保持对整个企业最大利益的关注。

# 应变

应对快速变革100法

# 第十五章

# 构建能力

# 76 创造一个持续学习的环境

无论团队成员的专业水平如何，你都要创造一个持续学习的环境，促使人们不断学习新的方法，接受新的理念。

## 理念

当一个团队运转良好时，团队成员可能会认为没有继续学习的必要了。他们可能过于依赖一直以来行之有效的方法和专业知识，失去了对接受新理念和新方法的开放心态和好奇心。IT 变革项目的节奏非常快，所以从事 IT 项目的人不会像其他行业的人那样容易自满。但即便如此，人们还是有可能会依赖他们所熟知的东西，不愿意接受新的、更有效率的方法。

问题在于，他们只学习与其专业有关的知识，却不重视“软技能”。而软技能能够帮助人们更深入地理解别人在不同情况下的反应，以及什么样的团队协作能够带来最有成效的结果。

在团队中创造一种持续学习的环境，是任何领导者职责的一部分，这能让团队成员为当前和未来的角色做好准备。当面临达成某项具体进度目标的巨大压力时，领导者很容易忽视在个人和团队发展上投入时间。安排个人和团队发展可能很难，但如果领导者想要实现团队的持续发展，他们就不该放弃安排团队成员不断学习新知识与新技能。很多人之所以学习热情高涨，是因为他们知道这是对未来发展的投资，在此过程中，他们能够持续地优化自己的方法。

海伦意识到，在她的团队内部有许多经验丰富的专业人士，也有许多渴望学习的年轻人。所以，她在整个团队中建立了相互指导的制度，邀请更有经验的成员把他们的知识传授给年轻成员。此外，海伦还找来一位经验丰富的团队教练来举办研讨会，每次三到四个小时，来帮助团队成员吸收他们学到的知识。在研讨会中，大家会讨论哪些工作进展顺利，并且思考如何提高团队效率。海伦坚持不懈地询问团队成员在过去一个月里学到了什么，以及他们将如何把学到的东西应用到工作中，她还和大家分享了她是如何通过有效沟通从不同群体中进行学习的。

### 实践

- 定期与你的同事分享你的学习成果。
- 寻找那些能够与之互相学习的人。
- 为个人和团队的发展活动安排时间，在活动中集中注意力，不要让参与者感到无所事事。

## 77 招聘时仔细考量对方的态度

从长远来看，招聘时仔细考量对方的态度要好过考量其过去的经验。

### 理念

我们大多知道这样一些组织，这些组织中的员工态度消极，不欢迎变革和新的理念。但是，这些组织也有过辉煌的过去，只不过随着时间的推移慢慢变成了明日黄花，而且新入职的员工很快就会受到影响，开始变得消极。

招聘时仔细考量对方的态度，指的是招聘一些既有能力又愿意学习的人。他们可能没有非常多的经验，也不具备最高水平的资质，但是只要拥有积极和投入的心态，他们就会学得很快，而且他们的心态也会感染其他人。

脾气不好的人往往容易自鸣得意。当你发现团队中有人脾气差，态度又消极，你就知道让这些人转变心态不是件容易的事。有时候，招聘几个新人有助于消除团队成员的消极心态，激发新的动力，唤起积极的态度。你要让新人知道你会支持他们，因为他们带来的积极态度可能不会立刻受到欢迎。

当你为团队招人时，你可能会物色一些特殊类型的专业人士。在这个过程中，定义专业水平的最低标准可能会有所帮助——一个人只要在标准线以上就可以加入团队。然后，在选择潜在候选人时，你既要考虑他们持续学习的能力，也要评估他们的态度，确保他们给整个团队带来的是有效、积极向上的态度。

除了在招聘员工的时候要注重求职者的态度外，你还要关注新人入职以后的态度。在考核时，你不仅要重视成员的工作绩效，还要同等重视他们的态度和学习进展。如果某个人的积极性下降了，他对工作的投入就会下降，而且会有挫败感，你必须尽早发现这样的风险。

由于海伦的团队久负盛名，所以她只要发布招聘启事，应聘者就会络绎不绝。她希望招一些有变革管理经验和学习能力强的人，这些人要对 IT 行业有足够的了解，能够与其他 IT 专业人士有效沟通。

海伦开门见山地向求职者提问，以确定他们在不同情况下是如何学习的，如果工作出错或受到批评，他们会采取什么样的态度。她希望招一些渴望学习、有清晰的责任感、在压力下能保持冷静并且能在团队中高效工作的人。

## 实践

· 清楚哪种态度对你的团队最重要。

· 想清楚如何评估团队成员的态度，而不仅仅评估其能力。

· 经常评审成员的态度，鼓励他们在积极、前瞻性的态度和现实主义之间保持平衡。

# 78 找到并弥补差距

高效团队善于随机应变，但是有时候你需要找出并弥补潜在的差距。

## 理念

一个高效的团队由拥有不同技能和方法的成员组成，当有问题需要解决时，团队成员会有一系列不同的理念和方法。精明的团队领导者会任命拥有不同个性和经验的人，让他们在讨论中相互补充，扩大彼此的知识面，增加见解。随着团队成员理解的深入以及项目需求的发展，高效团队随时都能做到随机应变。

如果存在专业知识上的差距，一个高效团队会尽一切努力来弥补差距。有时候，团队成员会认为变化是有害的，并且固执地认为应该在内部发掘新的专业技能，这其实是一个风险。除了找到并弥补专业知识方面的差距外，团队还可能发现某个领域的专业人士过剩，需要缩减这方面的人员，并增加其他方面的人员。因此，需要弥补的差距可能是某个特定领域的专业人士，也可能是新增一名能够从不同角度分析问题并给团队注入新鲜血液和好奇心的人。

海伦意识到她的团队以某个年龄段的男性成员为主，她觉得有必要建立一个在性别、年龄段和文化背景等方面更加多元化的团队。在发布招聘启事时，她强调加入团队的人可以享受弹性工作的福利，还有机会向经验丰富的团队成员学习。她通过网络发布这些岗位，以便吸引对分工合作感兴趣的求职者。她为团队指派了几份工作，并且招聘了几个拥有不同文化背景的年轻人，使她的团队更能代表社会的不同层面。

海伦坚持前瞻性地规划未来六个月内可能需要的技能，在确定招聘需求时，她更加着眼于未来的需求，而不是为解燃眉之急。

## 实践

· 在发现团队当前的专业技能与未来的潜在需求之间的差距时，要保持客观。

· 如果你的团队结构比较单一，你需要承认这一点，然后在有机会时补充多元化的新鲜血液。

· 赞赏随机应变的能力，但如果这让根本问题得不到解决，那你就要谨慎了。

# 79 不断培养团队的能力和韧性

培养团队的能力和韧性是一项任重道远的工作，需要你时刻都不能松懈。

## 理念

在我们的小册子《韧性团队》中，我和希拉里·道格拉斯发现保持韧性的团队拥有以下特征：

· 知道成立团队的目的是什么，以及哪些事情只有团队一起努力才能完成。

· 在长期规划和当前问题之间进行平衡。

· 共同努力把计划变成现实。

· 积极应对不断变化的环境。

· 关注价值观和行为。

· 与利益相关方有效沟通。

· 在组织内建立持续变革的能力。

· 理解并应用有效治理。

· 即使团队成员变化，也能保持动力。

· 维护好自己的福祉。

最近，我要求领导团队的所有成员从上述 10 个特征中找出 3 个需要团队强化的特征。经过统计投票结果，我们找到了 3 个需要团队进一步思考和行动的领域。对于这个团队来说，他们要在长期规划和当前问题之间进行平衡，需要进一步理解和应用有效治理，并且在团队成员流动的时候保持动力。

上述清单可以作为参考，供团队进行自我评估，了解自身在构建韧性方面做到了什么程度，以及接下来的计划。在另一个团队中，成员们尤其关注与利益相关方的有效沟通。随后的谈话表明，该团队非常重视及时与利益相关方建立有效联系。很明显，这并不是公司层面的优先事项，所以他们就应该优先与哪些相关方进行前瞻性对话达成了一致。

海伦和团队一起用上述 10 条标准进行了自评。结果表明，团队主要关注“共同把计划变成现实”以及“在组织内建立持续变革的能力”。海伦认为团队表现很出色，但实际情况是，大家一致认为团队需要更加紧密地协作，才能将计划变成现实——这给海伦提了个醒。海伦觉得她一直投入时间和精力在组织内建立持续变革的能力，团队觉得应该给予这项工作更高的优先级，这让海伦更有动力去推进这项工作。

## 实践

- 密切关注哪些因素可以加强或削弱团队的韧性。
- 系统地评估什么能够帮助团队加强韧性，什么能破坏这种韧性。
- 使用上述 10 条标准鼓励团队成员就有韧性的团队的特征进行开放的对话。

# 80 鼓励员工的好奇心

在任何组织中，好奇心都是非常宝贵的财富。

## 理念

好奇心可能“害死了猫”，但是每一位变革领导者身上都少不了好奇心的特质。对旨在通过转型实现积极变革的任何人来说，知道变革的“原因”以及实现变革的“方法”至关重要。通过研究组织为什么需要变革，你可以洞察在哪些方面不能重蹈覆辙；从其他组织的成功经验中，你可以知道哪些目标是可能实现的；通过借鉴相同类型的组织或文化的经验教训，你可以从一个新的视角来观察哪些做法在不同环境中都能奏效。

创新型组织通常允许人们利用工作时间参观不同类型的公司或组织。我的一位家族好友近日入职了一家体育营销公司，该公司给每位员工提供资金，让他们参加自己选择的一项体育运动。这家公司的理念是，如果员工能在体育运动中学习和提高，那么他们就会把学到的东西应用到体育营销中。公司鼓励员工去了解运动队参与特定运动的原因以及他们的激励因素，员工可以将这种理解融入工作中，为企业未来的营销思维做出贡献。

鼓励员工的好奇心，指的是鼓励他们去了解别人的驱动因素有哪些，以及过程或技术是如何发挥作用的。员工对客户或相关方的反应越感兴趣或越好奇，他们就越有可能努力与这些人建立联系。

这可以把双方之间的关系从纯交易性质转变为某种更具创造性和变革性的关系。

海伦一直鼓励她的员工保持好奇心，去探究某些方法成功或失败背后的原因。拥有好奇心意味着从不同角度看待可能性。员工们需要辩证地理解为什么某些工作方式如此根深蒂固，以至于很难做出改变。海伦鼓励她的团队负责人奖励有好奇心的员工，并且分享来自其他组织的见解。

## 实践

· 合理应用你自己的好奇心。永远不要把好奇心视为放纵或消遣。

· 在不同的情况下保持好奇心，深入探究过程有效运行的原因和方式。

· 鼓励员工的好奇心。

· 允许团队成员合理分配时间去探究他们感到好奇的事情。

# 应变

应对快速变革100法

# 第十六章

# 保持精力充沛

## 81 识别身心疲惫和士气低落的迹象

警惕员工身心疲惫和士气低落的影响，注意不同人处理持续压力的方式。

### 理念

有人会一再重复地说他们感觉很累，久而久之，你会对这些话产生免疫，觉得很难区分他们什么时候变得非常疲惫。有些人的自尊心比较强，无论感觉多累，他们都不会承认自己累。和某人共事一段时间后，你会从他身上看到疲劳的迹象，比如忘记某件事情，或者产品质量没有达到正常水平。许多人擅长掩饰疲劳状态，直到积劳成疾。

你可以观察员工在一周内或在不同环境中的精力水平或疲劳程度，这有助于你全面了解员工什么时候比较容易疲劳。你还可以询问团队成员什么事情可以激发他们的能量，以及他们如何保证这些事情可以持续一周或一个月，以便能够帮助他们度过疲劳期。

首先，你需要跟员工们交谈，按 1 ~ 10 分将疲劳进行等级划分，1 分为疲劳，10 分为精力充沛方向，让他们给自己的疲劳度打分。接着，你可以询问员工，如果要让分数往精力充沛方向（而不是疲劳）接近，需要做些什么。

有时候，由于交付的最后期限以及外界的期望，你会要求团队成员们加倍努力工作。

你需要了解这会给他们的精力和健康水平造成什么潜在影响，确保可以通过某些调节措施，保证这样的长期压力不会给员工带来有害影响。

鲍勃在一个工业城市负责一个大型重建项目。市内有大片工业废弃地块，由于位置靠近交通要道，这些地块非常适合有新的用途。鲍勃建立了一支团队，成员中不乏出色的项目管理人员和技术人士，他们充分理解了项目的愿景，致力于让项目取得成功。

鲍勃知道该项目将持续数年，他对团队负责人有很高的期望，但也知道他必须确保这些负责人能照顾好他们自己，保持精力充沛。为此，他坚持要求员工们合理休假，并鼓励他们在业余时间参加体育运动，他还确保他们有时间参观国内其他地方的类似项目，借鉴别人的经验，避免团队成员在工作当中感到疲劳。

## 实践

- 你要认识到，员工会以不同方式表达或掩饰他们的疲劳。
- 重视与员工讨论他们的疲劳或精力充沛水平。
- 当你发现有人变得疲劳时，与他们交谈，了解疲劳背后的原因，并讨论怎样帮助他们恢复精力。

## 82 识别可以保持员工的高参与度的刺激因素

员工参与最重要的是质量，而不是数量。

### 理念

在共处很长时间后，团队成员达到一个节点，之后会开始感到无聊和沮丧。他们会觉得大量时间都花在团队会议上，重要的工作却一点没做或者没做好，这种状况会让他们产生抵触情绪。更常见的抱怨也许是：团队成员从没有聚在一起进行过讨论；会议总是很仓促，讨论的都是事务性内容，而且缺乏创造性。

高质量的参与需要一定程度的相互理解和尊重，这需要团队成员定期与同事或合作伙伴见面，同时要注意不要占用对方过长时间。

如果团队活动是本月工作的重点，那就需要团队成员们坚信他们在一起共事的价值，并且让他们看到建设性对话能够带来更好结果的证据。让团队成员保持高度参与的前提是他们有共同的目标、共同努力的意识，并且相信协作比独立行动更高效。

不同的相关方很容易失去参与项目的热情。你可能假设这些相关方的步调是一致的，实际情况却是，他们各自的优先级可能南辕北辙。所以，你需要经常和那些在不同项目的成功中有共同利益的人联络，这可以帮助你了解这些人的步调是否与你期望的一致。检查别人的参与度可能意味着你要偶尔给他们打打电话，或找他们坐下来喝杯咖啡。不过，你可能会让人误以为需要在此类沟通上花大量时间，实际上简短地说上几句话就足够了。

鲍勃意识到他的团队成员专注于各自的项目，但是，成员们必须认识到他们都是一个大项目的成员。所以，鲍勃坚持召开项目委员会会议，并保持会议相对简短，会议讨论的关键在于确定影响项目的所有问题和机遇。他希望让每位团队成员感觉到自己正在为整个项目的成功做出贡献，而不会因为中央官僚制度感到负担过重。

鲍勃也清楚当地政客有他们自己的顾虑，可能会出人意料地发表一些无益的言论。他知道必须和有影响力的政客们保持密切沟通，与他们建立良好的关系，能够与他们进行私下沟通，从而阻止他们煽动公众反对项目。一方面，他要对政客们开诚布公；另一方面，他要确保自己和团队准备好后再发布公告，同时尽可能降低公告被政客们裹挟的可能性。鲍勃需要在这两方面之间小心行事。

## 实践

- 在选择讨论话题方面，你要确保团队成员高质量地参与。
- 谨慎地设定对团队会议时长的预期，确保时间不要过长，保证成效。
- 合理地分配时间，确保所有相关合作伙伴和相关方的有效参与。

# 83 注意保健因素

在出现问题之前，没有人会注意到保健方面的因素。

## 理念

直到很难喝到一杯咖啡的时候，我们才意识到自己对它有多么依赖；我们习惯了通畅的无线网络连接，一旦连不上互联网，我们就会非常不适应；我们已经习惯了能够快速收发信息，一旦无法即时通信，我们就会感觉不便利；世界上最令人沮丧的事情莫过于找不到智能手机或平板电脑——这让我们感觉好像被世界抛弃了。

另外，我们已经完全习惯了在没有私人空间的办公室或专用办公空间里工作。在对办公空间和时间的使用方面，我们已经变得更加灵活。之前必不可少的办公用品——比如你自己的办公桌、椅子、马克杯、固定电话和活动茶几——已经成为过去。

你有必要知道对团队或整个组织最重要的保健因素是什么，比如：高效、可靠的沟通；数据的可用性；尽可能减少官僚主义以及应对问题的反应能力。对许多人来说，最重要的是能喝到一杯美味提神的咖啡。

大多数保健因素与过程和身体状态有关，但也会延伸到互动的标准上，即人们开诚布公地表达观点、有效地倾听他人的想法，以及不要强势主导谈话。另外，无论是书面沟通还是口头沟通，在沟通的清晰、简洁、坦诚和以事实为依据方面，也可能存在与沟通方式相关的保健因素。

鲍勃密切监控对不同项目团队来说最重要的基础保健因素。他发现，这些团队需要的并不是宽敞的办公室，但非常期望有高质量的无线网络和电话连接。另外，他们还希望有一块休息区域，可以在那里搞搞小团体聚会、喝喝咖啡。鲍勃需要确保公司中有人明白，他们需要关注最重要的保健因素，确保在问题出现时能够迅速做出反应。当然，这并不代表满足每个人异想天开的需求——这么做是为了提早发现员工潜在的不满，在可能的沮丧情绪滋生之前就把问题解决掉。

### 实践

- 把基本的保健因素视为保持团队积极性的关键。
- 确保与保健因素相关的问题及时得到解决。
- 你要认识到，如今的保健因素可能与几年前有很大不同。

# 84 充分授权

鼓励员工主动承担责任，并且给他们机会承担责任。

## 理念

在组织中，我们之所以担任目前的职位，是因为我们已经做好了承担责任的准备，而且我们的工作表现已经得到了其他人的认可。但是，为了领导团队走向成功，我们必须把之前由自己承担的责任分配给其他人。当我们完成从划桨到掌舵的角色转变时，我们的领导力就上升到了更高的水平。舵手的职责是掌控船的航向，但前提是要让划手承担起以尽可能快的速度推动船向前航行的责任。团队领导者和成员共同对航行的成功负责，所以你要对团队成员进行充分的授权。

授权不等于失职。授权后，你还要密切关注团队成员的工作进展，并在关键时刻提供指导。你要让团队成员循序渐进地承担起更多责任，在这个过程中不断学习，从而帮助他们做好准备。

首先，你得问自己一个问题：哪些事情只能由“我”来做才能确保项目的成功？通过回答这个问题，你可以确定哪些责任只能由你承担，以便创造机会招聘并提拔特定成员担任其他职务。原则上，任何事情只要不属于你承担的责任范畴，就可以授权给别人。如果你不想授权给别人，你就要问问自己原因是什么。

鲍勃认识到，他的主要职责包括确保清晰、前进的方向和充足的资源、任命合适的人员以及有效维护与关键相关方的关系。在任命团队成员时，他的职责是设定明确的期望，确保他们的能力得到有效发挥。开始的时候，他会给成员们提供指导，不过，他很清楚这些项目负责人必须对接下来的工作承担全部责任。他会选择合适的时机指导团队成员，然后放手让他们去干，他也会定期审查这些项目负责人是否达成了期望，但他绝不会把已经授权给他们的职责重新拿回来。

## 实践

· 明确哪些责任只能由你承担。

· 认识到你需要完成从划船手到掌舵手的角色转变，在这一点上不要走回头路。

· 坚持给团队成员授权，将授予他们的职责与对他们的期望以及评审标准联系起来。

· 对那些已经能够独当一面的成员表示认可，明确你最欣赏他们做哪些事情。

# 85 坚持观察和回应

我们认为“行动派”是值得赞赏的，而“旁观者”不值得鼓励。但是对领导者来说，更重要的是擅长观察，而不是凡事亲力亲为。

## 理念

我们希望保持积极的态度来改变现状，我们以完成任务为荣，我们在工作中亲力亲为，确保取得进展，从而为别人树立一个好榜样。但是，作为领导者，我们需要从行动者的角色中走出来。因为，如果我们自己上手去干，其他人就无法得到实践的机会，也无法积累经验。

所以，我们必须留出时间来观察，这可以让我们从不一样的角度观察团队成员的工作。我们希望从不同利益角度出发，观察团队在做的工作。随着变革项目的展开，我们还希望观察在客户、顾客或合作伙伴眼里，团队在哪些方面做得好，哪些方面做得不够好，哪些压力点是只有从不同的角度观察项目进展才能发现的。

在我担任一个政府部门的总干事期间，我曾经花了好几小时乔装成邮递员到办公楼的某个部门微服私访，就是为了观察各种不同的活动和行为。我为一些人的勤奋和另一些人的懒散感到震惊。我看到，有些人对伪装成邮递员的我视而不见，有些人甚至看不起我。在这几小时里，我发现组织文化需要变革的地方比我参加好几次正式会议所能发现的要多得多。

在对观察到的问题做出应对时，我们可能需要问一些问题，或指出明显矛盾的地方在哪里。我们任何时候都有权进行审查和决策，但是，当我们把矛盾点或没有得到充分解决的问题指出来时，只要其他人仔细思考了适当的应对措施，我们往往可以把进行相应评审和采取行动的决策权交给他们。

鲍勃花了很多时间造访各个项目团队的办公地点。他特意与承包商、公众、社区团体和政客们交谈，观察他们的行为，倾听他们的话语。通过开放式地提问，他得到了许多反馈，但是他不会当场给出承诺；相反，他会把看到的问题反馈给相关的团队负责人并提供多种可能的选项，而绝不会把自己的决策强加给其他人。只要鲍勃前来造访并进行了谈话，团队负责人就知道他会给出一些不容忽视的见解。

## 实践

- 安排时间进行观察。
- 在观察组织和员工的工作情况时，尽可能不要让别人发现你在观察他们。
- 不要让你的反馈对团队负责人履行日常职责造成负面的影响。
- 保持克制，不要当场反馈，要先确认你的行动方案是否正确。

# 应变

应对快速变革100法

# 第十七章

# 让你的陈述更加充分

# 86 了解在员工中传播的故事

故事比要点更有影响力。

## 理念

家庭成员通常有一大堆关于过去的故事。团队成员们会经常分享那些曾经塑造了团队的事件，最令人记忆深刻的是那些能令人莞尔一笑或让团队成员乐于回味的故事。

对一些人来说，讲述过去的故事是一种特权，会把团队的新成员排除在外。而一个欢迎新成员的团队会解释过去故事的重要意义，然后与新成员一起谱写新的故事。但是，一个不断把数年前的故事挂在嘴边的团队有可能过于留恋过去，不愿展望未来；而一个不断增加新故事的团队所展现出来的是活力，带给人的是一种不断进步的感觉。

所以，你有必要了解在员工中传播的故事。他们认为哪些时期是高潮，哪些时期是低谷？他们对你作为领导者的影响有什么看法？从人们讲述的关于你的故事中，你可以找到自己的缺点，了解在员工眼里，你的哪些方法让他们觉得有趣，哪些方法令人难以忍受。在这些故事中，你还可以发现你的方法在哪些方面尤其吸引人。

从人们讲述的关于不同团队的故事中，你可以了解一些不为人所知的事情，比如哪些人之间的关系是温暖且积极的，哪些人之间的关系充满怀疑和不安。有时候，处于困境中的人会得到别人的善意和支持，这些故事往往会成为关于某人轶事的一部分。向处于困境中的人伸出援助之手往往会成为一段又一段励志的故事，从中可以了解人们是如何以建设性的方式进行干预的。

从流言蜚语中，你可以获悉员工的许多真实想法，不过，其中的观点可能是片面的，所以仅凭流言蜚语是无法让你了解全部真实情况的。

鲍勃发现，一些员工愿意和他分享组织里流传的流言蜚语。他经常倾听这些故事，但是会对听到的观点进行多方核实，在这些故事中，他了解到了员工参与和关心的许多事情。鲍勃清楚流言的影响，所以有时会对一些员工的方法和行为给予正面评价，因为他知道这些话会在员工中间流传开来。不过，他从来不会向那些传播流言的人表达对任何人的负面看法。

## 实践

- 倾听在员工中传播的故事。
- 鼓励员工讲述有关团队贡献和团队学习的故事。
- 在组织中传播对员工的正面评价。
- 试图找出别人讲述的关于你的故事，并从中学习。

## 87 让变革的理由清晰明了并不断强化

即使你已经对变革的合理性烂熟于心，也要毫不含糊地不断强调它。

### 理念

每次在工业化的英国传教，卫理公会创始人约翰·卫斯理都会不厌其烦地重复相同的说教。他对变革的合理性非常清晰。他认为世人需要得到救赎，需要拥有新希望和新生活。他的坚持改变了许多人的生活，让他们得以摆脱整日酗酒的悲惨生活状况。关于人们的生活需要哪些改变，约翰·卫斯理有一套非常明确的观点。他的意志坚定，会把相同的信息重复成千上万次，激励他的正是对个人信仰的坚定信念，以及人们的生活可以变得更好的事实。

在处理快速变革时，你需要有明确的理由能让你清晰地传达信息，展示对项目目标的承诺。当其他人试图混淆你的目标，或者把你推向不同的方向时，你要明确这项变革的合理性，这可以帮助你保持动力。当然，坚持变革的合理性并不意味着在推进变革的方法上一成不变，也不意味着拒绝随机应变。不过，这确实意味着你很清楚自己为什么采取某个特定的行动，并且能够向任何一个提出质疑的人清楚地解释其中的原因。

约翰·卫斯理总是不厌其烦地传达他的信息，因为他相信自己的使命是改变人们的人生。如果你是变革项目的领导者，你就必须对变革的好处深信不疑，或者至少能以容易理解的方式阐明变革的好处。作为一位优秀的领导者，你有必要重复强调同样的信息，但是你要用适当的语气和例子，以适应具体的环境和听众。

鲍勃认为重建项目对北部地区的重要性是不言而喻的。但是，仍然有人批评不该把钱花在这种大型资本项目上。一些批评者认为所有投资项目都应该是短期的、保守的。鲍勃需要不断强调长期投资对创造可持续就业的重要性，因为这些项目可以将曾经的工业废地建设成人们生活和工作的场所。项目的合理性同时考虑了经济发展和环境保护方面的因素，重点是项目未来可以带来的新的就业机会。鲍勃对该项目寻求实现的目标深信不疑。在与不同群体对话时，他会使用一些与该社区或部门相关的例子和证据，但他从来不会淡化项目整体的重要性。

## 实践

· 清楚地了解你所领导的变革的合理性。

· 即使有批评者，也不要羞于陈述变革的合理性。

· 即使感到厌倦，也要不断重申变革的合理性，试着每次陈述时都跟第一次陈述时一样富有激情。

# 88 保持陈述的时效性和针对性

---

变革的合理性可能不会变化，但是关于进度和机遇的陈述需要不断更新。

---

## 理念

注意区分变革的根本合理性和有关变革进展与机遇的陈述。你有必要在脑海中对这两个概念进行区分。变革的合理性需要令人印象深刻、清晰、有说服力并且简短，而前瞻性陈述是对项目进展的情况和方式的动态描述。因此，在陈述时，你要考虑到倾听是一个持续的过程，陈述者需要灵活变通，并且对人们的关切点做出回应。

一段好的陈述既包括确凿的证据，也包括受变革影响的人的观点。一段好的陈述要考虑到听众的需求，专业人士可能需要看到有关技术进展的确凿证据，政客或社区领袖则需要确信项目是否考虑到了不同群体的观点。

新的利益群体可能已经形成，或者一家新公司可能正在考虑加入竞争。因此，你要不断更新陈述内容，并考虑到通过社交媒体传播的诉求或由不同社区和政治领袖表达的观点。有时候，你可能需要采取主动，调查不同的群体，看看他们的期望和态度是如何发生改变的，你要找出正在滋生的深层次问题，并在引发情绪问题之前解决它。

鲍勃意识到地方选举即将举行，他很清楚哪些问题将成为选举活动的核心问题。所以，鲍勃刻意不选边站队，但是他保证他的组织对项目的陈述能够解决不同政党提出的关于该项目的问题。他要确保没有任何地方政党能指责他和他的组织没有倾听选民的意见。鲍勃还知道有几家日资企业正考虑在当地投资，所以，他要确保在他的陈述中欢迎投资者的到来，只要他们选择在重建地区投资，他们就能得到实际的支持。为此，鲍勃努力了解了这些日本投资者最看重哪些方面，并根据日本人的文化偏好调整了他的陈述。

## 实践

· 不断使用最新的例子和故事来更新你的陈述。

· 确保你的陈述聚焦于展望未来，不要回顾过去。

· 了解不同群体会如何看待你的陈述。

· 向在变革项目成果中拥有利益的各种群体提供可供他们使用的数据和故事。

# 89 避免无计划地修改陈述

永远不要仅仅因为感到厌倦而改变你的陈述。

## 理念

擅长赢得追随者的领导者们不仅让变革的合理性保持清晰，还会确保陈述的时效性和针对性，而且不会一遍又一遍地修改陈述。我们可能喜欢咬文嚼字，希望用各种不同的方式描述我们的方法和下一步计划。这种不拘一格的感觉会让一些人感到既刺激又吸引人，但是，这种陈述也会让一些人感到困惑和沮丧。

我曾经和一个充满好奇心且笔下生花的人共事。在他领导的项目中，他每周都会变着花样地进行项目陈述。虽然和这样一个人在一起会很有趣，但是我们很担心项目在他的领导下将走向何方，也不知道是不是过两个星期他又会让项目的陈述来个大变样。

如果一位领导这星期说某件事情很有可能发生，下星期又说发生的可能性很小，我们也许会觉得好笑，认为不大可能从中得到任何有用的信息。如果我们的脑海中反复出现不同的方法，我们会希望和值得信任的人好好谈谈，不过，在讨论开始之前，我们要确保对方了解项目的整体情况。当我们才思泉涌时，我们需要三思而后行，也可以与其他人讨论，但一定要留意我们传递给同事的信号，他们可能会把我们说的每句话都当成一种指令。

当有人对变革持怀疑态度时，我们要仔细考虑并通过各种不同的方法来解决他们担忧的问题。我们可能会寻找一些替代方法，但最好保持谨慎，不要让别人以为我们的思路不清晰，充满不确定性。

鲍勃认识到，为了争取商界、政界和当地社区的支持并与之建立良好关系，他需要清晰地陈述项目，并不断地调整陈述，他需要提供适合特定群体的一致信息。他也知道自己绝不能被强权人士左右，他不会为了满足拥有强大影响力的特定群体的需要，而被迫对每周陈述做出修改。

鲍勃知道，组织内的所有领导者都必须向外界传达一致的信息。因此，如果他不断改变陈述，他的同事就会不知所措，他单方面发出的任何信息都有可能让其他人误以为他们可以随意表达自己的陈述。鲍勃知道，如果要保持团队的凝聚力，他需要与团队就陈述达成一致意见，并得到全公司领导层的同意。

## 实践

- 知道你在什么时候有因为受到压力或受到不同群体的胁迫而调整陈述的风险。
- 当对陈述的建设性调整转变成不必要的修改时，你要保持警惕。
- 认识到一致性和适应性可以兼得，但是需要耐心地解释。

## 90 耐心解释修改陈述的时间和理由

修改陈述时一定要谨慎，要解释进行这些修改的原因。

### 理念

当你领导快速变革项目时，项目陈述将不可避免地随着新信息而改变。最初计划中的部分工作可能进展得比其他部分快，障碍可能比最初设想的棘手，技术难度可能比最初预期的更大。可能有一群人欢迎计划的变革，因此希望以比初始计划更快的进度实现变革。

不论是因为项目取得了积极的进展，还是碰到了比预期更难解决的问题，我们都需要对陈述进行必要的修改。与其单独处理每次修改，倒不如对陈述的一系列修改进行全面描述。这么做可以让大家知道，我们考虑了一系列评论和新数据，并且会在某个确定的日期宣布对陈述的修改，从而确保不会零散地处理问题。

在宣布对陈述进行修改时，最关键的是清晰地阐明修改的合理性，这样才能保持良好的前进势头。如果有一些问题导致了项目延期，那么经过修改后的陈述应该能够解决这些问题，而不是对它们含糊其词。

如果有个人或团队通过有效介入帮助修改了陈述，我们有必要对这个人或团队表示感谢。这么做可以让大家相信，领导层乐于倾听不同群体的意见。

鲍勃知道他的许多团队负责人和团队在不同地点工作，工作时间也不相同，因此，他建立了一个月度沟通机制。在该机制中，他非常注重更新关于项目进展和优先级的陈述，在发出书面陈述后，他会召集团队负责人开会，另外，他还会与不同地点的所有员工定期举行会议。在影响陈述的事情上，鲍勃非常注重管理决策流程，确保陈述的修改都经过了充分的协商，然后清晰地阐明修改陈述的原因以及下一步的计划。

在他修改陈述之前，他会先和一个小规模的咨询小组讨论，这个小组的成员包括来自组织各部门和各层级的代表。除了这个跨职能团队，他还会征求管理层的看法，确保大家对陈述变更的理解与他的预期一致。

### 实践

- 尽可能在项目的早期制订前瞻性计划，明确在什么时候应该更新陈述。
- 千万不要因为受到特定利益群体的影响而无计划地不断修改陈述。
- 观察不同群体如何看待陈述的变更。
- 谨慎地解释修改陈述的原因。

# 应变

应对快速变革100法

# 第十八章

# 通过变革实现发展

# 91 通报所取得的进展

通过不断通报所取得的进展，你可以不断夯实新的基础，然后以此为基础更进一步。

## 理念

在爬山时，你可能会觉得自己进展甚微，但当你回头看时，你会发现自己已经走了很远。在爬山时，你的目标可能是登顶后的一览众山小，但是，在艰苦攀爬的过程中，你需要回头看一看，欣赏下身后的风景，让这种体验激励你进行下一阶段的攀登。比如，当我写一本书时，我会把任务分成几个部分，给自己设定一系列可以达到的里程碑。每达到一个里程碑，我都会回顾已经取得的进展，并考虑是否需要对接下来的计划进行调整。

你和你的直属团队可能清楚项目的进展，但是组织里的高层或那些组织外的利益群体可能觉得进展甚微。为了维护你自己的名誉，你需要向他们展示你和你的团队已经取得的进展。你希望人们认识到项目已经走上了正轨，让他们明白彻底改变项目的方向为时已晚。如果需要在适当的时候寻求同事的支持，你要用项目取得的巨大进展来向他们证明为项目投入资源是值得的。

在记录项目进展时，你需要提前告诉大家，未来的什么时候需要他们发挥作用。如果你领导的变革会导致一些调整，你应该让大家知道即将到来的时间表，这样他们就不会感到意外。在此过程中，你还要向那些为项目进展做出过贡献的人表示感谢，这是建立良好关系网的关键。

鲍勃知道当地有几个政府部门表示，在重建项目达到某个节点后，它们会给项目投入一些资源。因此，鲍勃坚持向地方政府通报进展，方便这些部门来计划投资的时间。鲍勃非常注重与当地政府建立良好的伙伴关系，但是不想让他们大吃一惊。因此，他想办法让这些地方政府部门感到他们有义务兑现早些时候做出的承诺，即只要达到某个关键里程碑，他们就会给项目提供资源。

## 实践

· 明确项目进展的中期里程碑，在达到这些里程碑后，重视宣传所取得的进展。

· 能否用充分的证据证明项目的进展，决定了你能否树立良好的声誉。

· 通过通报进展向其他组织施压，让他们兑现承诺。

## 92 一起庆祝成功的喜悦

标记关键里程碑并庆祝进展，可以给相关方重新注入能量，获得他们对项目的承诺。

### 理念

认真对待工作是对的。我们的肩上不仅担负着责任，还有别人的期望，我们领取报酬是为了把工作做好，如果我们是志愿者，我们不能辜负为慈善出资的人的期望，承担责任不是在开玩笑。

但是，没有法律禁止我们享受彼此的陪伴和一起欢乐，不论是工作还是共同奋斗，都不应该缺少快乐，工作不应该是单调乏味的，它应该尽可能给人以成就感和乐趣。但是，工作的某些方面势必无法令人快乐，比如，当狱警把囚犯锁进牢房、当警察给罪犯戴上手铐，或者当医生回天乏术的时候，狱警、警察和医生都不会感到快乐，但是他们对工作的满意度很高，能够从中获得成就感和喜悦感。

鼓励人们为自己的工作感到快乐并不是件容易的事情，尤其是当变革项目会导致失业，甚至剥夺人们的发展机遇的时候。你不会为裁员感到高兴，但是，你还是能从所从事的工作中获得满足感，比如，在组织结构经过合理化改革后，留下来的员工得到了更多的机会，组织也获得了新生，这时候你就会有满足感。通过让质疑者和批评者参与庆祝项目取得进展的仪式，你可以赢得他们的支持，让他们看到团队的活力，见证项目进展顺利的事实。

鲍勃会利用一切机会来纪念项目取得的进展。比如，他会为签约举办一场小型的仪式，让大家一同见证合同签署的瞬间；当项目现场动工时，他会举办一场“奠基”仪式，并邀请一名高管在仪式上简短致辞，以此来纪念这个时刻；鲍勃还会有意邀请一位高官发表简短的演讲，以此来获得他们对项目的承诺，支持项目取得成功。

这些庆祝仪式从来不铺张浪费，所以从没有人批评他浪费资源。有的仪式只是一顿简单的午餐；有的是一场露天活动，所以人们不用待得太久，也不可能吃太饱或喝太多。

## 实践

- 及时举行一场简单的庆祝仪式来纪念里程碑的达成。
- 邀请那些处于项目外围的人参与庆祝，获得他们对项目的承诺。
- 邀请公众人物或高官发表简短的讲话，将他们与项目成功地联系起来。
- 在和项目相关方互动时，要传达快乐而不是焦虑。

## 93 阐明变革带来的好处

当项目遇到阻力时，不断强调变革的好处有助于保持良好势头。

### 理念

每天处理各种各样的问题，很容易让人忘记变革所能带来的好处。所以，你非常有必要用其他组织的类似变革所带来的好处来提醒大家。如果组织内不同部门的变革进展速度不一，你大可以用那些进度较快的部门当例子，强调变革已经实现的好处。

对不同人来说，项目的好处各不相同。比如，财务部最看重财务方面的好处；运营部门最看重过程的效率能否提高、中断次数能否减少；而人力资源部最看重的可能是缺勤率或认可率。向不同的群体展示项目能给他们带来的好处，这样你就可以专注于如何实现这些好处，以及找到评估这些好处的最佳方法。

最坚定地支持这些变革的是那些受变革直接影响并获得好处的人。因此，与其口若悬河地试图说服客户，倒不如让他们体验下变革的好处，这才更加有说服力。

鲍勃相信重建项目将成为推动该地区经济复苏和失业率下降的催化剂。在完成最初的清表工作后，项目的第一阶段顺利结束。合同规定，用人单位需要对员工进行培训，这帮助许多长期失业人员找到了工作，也提高了项目的声誉，接下来的施工工程将会创造更多就业岗位和发展机遇。

在当地服务业中，比如在移动咖啡馆引发了连锁反应，经济活动的复苏增加了创造更多就业机会的可能性。随着投资的到来，一家大型企业决定搬迁到该地区，这进一步证明了该项目的长期潜在效益。鲍勃鼓励当地用人单位与他共享沟通平台，共同讨论重建项目给他们及其员工带来的好处。

### 实践

· 明确变革将带来的好处。

· 只要项目有好处，就设法发现并宣传这些好处。

· 邀请受到变革直接影响的合作伙伴，在公开场合谈谈变革给他们带来的好处。

· 努力让那些在变革中抓住机遇的人得到认可和回报。

## 94 对将要发生的事情感到兴奋

与对未来持消极态度的人相比，那些总是能看到希望和机遇的领导者更有可能赢得追随者。

### 理念

领导者要对未来有信心，要让别人相信他们的计划，这样的领导者能激发追随者的动力，使他们关注变革带来的机遇，而不是被挫折吓倒。但是，对未来的乐观看法必须建立在现实主义的基础上，那些对未来过于乐观的领导者往往缺乏充分的依据，从长远来看不太可能会令人信服。

徒步小组的领队不仅谈论终极目标，还会强调向前迈进的乐趣，他们这么做的目的，一方面是建立人们对最终目标的信心，另一方面是让他们看到短期内取得进展的可能性。激励型领导者总是引导人们穿越迷雾，看清可预见的未来，他们的目的是让人们对可实现的短期目标感到兴奋，而不是只关注最终的完美结果。

对一些人来说，把一个需要解决的问题讲清楚，能让他们对自己将要做的事情感到兴奋。对一些人来说，兴奋感来自与团队共同奋斗，而不是脑力上的挑战。对另一些人来说，哪怕只是让财务部和人力资源部的效率提高一点点，他们就会暗自感到兴奋。

鲍勃意识到，他可能对接下来的工作过于兴奋，从而谈论了太多细节。鲍勃承认，当他全身心投入时，可能会用力过猛。但是，有些人正是在鲍勃全身心投入的影响下，才全力投入接下来的工作中去。

随着整个项目规模的不断扩大，鲍勃意识到，如果每个人只有依靠他的积极态度才能向前推进，那他可能就成了一个负担。所以，他需要调整向别人传达下一步工作任务的方式。他试图培养团队负责人来帮助传达使命感和兴奋感，以使所有参与项目的人做出承诺。

## 实践

· 当你对下一步工作感到兴奋时，不要抑制它，将其传递给别人。

· 能够通过直观、有说服力的语言介绍下一步工作及其潜在影响。

· 在介绍下一步工作时，试图制造一种令人期待的感觉，并强调这些工作对整个组织的影响。

· 要知道，你的语气和方法是有感染力的。

## 95 善待受害者

---

绝大多数变革项目都会给一些人带来伤害，我们有责任帮助那些在变革中受到不利影响的人重新找到前进的路。

---

### 理念

成功的变革项目会带来彻底的改变，对一些人来说，这种改变意味着他们会抓住新的机遇。但是，对另一些人来说，这意味着失落，同时还有一种被抛弃的挫败感。那些在变革中受到不利影响的人会经历从不满、愤怒、伤感、挫败再到失望的循环，他们的精神状态和自尊心会受到极大伤害。

对有些人来说，被迫接受新的思维方式正是他们所需要的。许多人认为，正是变革项目的积极影响迫使他们重新评估自己的未来。然而对另一些人来说，变革项目意味着他们的晋升之路走到了尽头，有时甚至意味着失业。

所以，在任何变革项目中，我们都要尊重每个受变革不利影响的人。为此，我们要提供足够的信息，并且耐心地解释为什么需要变革，以及变革会产生什么影响。我们需要及时并富有同情心地展开有效、开诚布公的沟通，帮助这些人接受现实。

我们要对大家的贡献进行适当的认可，让他们保持自尊，这对他们和公司都有好处。因为，其他人也会意识到将来的某一天他们可能地会成为变革的“牺牲品”，所以会密切关注我们对待这些人的方式。

为了尊重员工的自尊，认可他们在过去几年来对项目做出的贡献，我们可以拿出时间和资源对他们进行再培训，帮助他们开拓新的发展机遇。

鲍勃认识到，在项目的不同阶段，他将需要拥有不同技能的团队成员。比如，在最初的清理现场阶段，项目需要的是具备净化污染技能的人，但是只需要很短的一段时间。鲍勃一直清楚有些职位是临时的，曾经有一家公司购入了一大片土地，但是决定直接使用自己的员工，而不用重建项目在使用的承包商。由于人员冗余，导致一些工人提前遭到解雇。鲍勃在处理这个问题时非常谨慎，他耐心地向员工们解释现实情况和原因。最后，由于这些工人的专业水平较高，他们中的一些人在购买土地的公司那里找到了新的工作。

## 实践

- 清楚哪些人可能成为变革项目的受害者。
- 不要为了尽快地完成项目而忽略或忘记潜在的受害者。
- 确保为那些受到不利影响的人安排适当的发展、培训和重新安置计划。

# 应变

应对快速变革100法

# 第十九章

# 百尺竿头，更进一步

# 96 重燃你的激情

有时候，你必须进行适当的休整来恢复精力。

## 理念

在变革项目推进的过程中，你的肾上腺素会让你处于亢奋状态。项目的进度在快速推进，有许多问题需要解决，由于项目的残酷特征，你已经学会了如何应对疲劳并坚持下去。

在项目结束的时候，你会感觉既兴奋又疲惫，如果团队成员即将各奔东西，你可能还会感到些许伤感。通常，你会有一种失落感，你的思维变得缓慢、精力也在消散，在这种时候，你需要给自己充电。

经过一段时间的高强度工作后，出现这样的状态是正常的。你的身心都需要休整，这种时候，你需要的是顺其自然，不要期望保持相同的工作强度，允许自己慢下来一段时间，这是恢复精力的一个必经阶段。拒绝休息是危险的，它可能会带来一段时间的慢性疲劳。

有很多方式可以让你重燃激情。比如，你可以睡个好觉，或者来一段远足或骑行；你也可以读几本你一直以来想读的小说；你还可以去度假，去游览那些向往已久的地方；当然，你也可以找朋友叙叙旧。

重燃激情可能需要经过几个不同的阶段，第一个阶段就是好好休息，最后一个阶段可以进行一些高强度的体育锻炼。有时候，你可能需要尽快完成这个循环，以便从一个角色转换到另一个角色。

完成两个医院部门的合并后，亚历克斯休息了两个星期。第一个周末，她专门用来与朋友叙旧，和朋友的交谈让她精神焕发。此外，她还和父母共处了一段时间，感受来自父母的爱和温暖。她还读完了几本书，要知道这些书已经在她床边躺了好几个月了。在感到精疲力竭的时候，她经历过低谷，但是重组项目的完成让她非常满意，并且开始着手解决一些在她领导项目时被搁置在一边的问题。

### 实践

- 知道你在项目结束时可能有的情绪，让自己享受成功的喜悦，允许自己放松身心。
- 花时间与你重视的人在一起，享受他们的陪伴，重燃激情。
- 仔细规划如何度过休整时间，在休息和活动之间做好平衡。

## 97 更新你的自我介绍

你可能觉得更新简历是件琐事，但这对你接下来的发展至关重要。

### 理念

我们匆匆忙忙地改动几句话，就当作已经更新过简历了。在上次面试的时候，我们可能就已经准备了一段介绍自己价值的陈述，对于这段自我介绍，我们排练了好几次，已经把它深深地烙印在了脑子里。我们当初可能对这个自我介绍非常满意，但是，距离上次面试已经过去好几年了。

不更新自我介绍并不可取，因为它可能已经过时了，我们需要及时更新自我介绍，让它体现我们最新的状态，保持新鲜且有说服力。在自我介绍中，我们可能会说自己擅长领导项目团队，并举了很多例子来证明这一点，但是我们的技能可能已经更进一步，也更加关注培养别人领导团队的能力。现在，我们最大的贡献可能是支持和引导，而不是亲力亲为，但是我们的自我介绍可能还是过去的内容，没有体现我们的进步。

所以，在完成一个项目后，你非常有必要评估一下你的价值有哪些独特之处。你可以问问别人，他们对你的影响力有什么看法；你可以征求那些六个月前才认识你的人的观点，因为这能体现你近期体现出来的价值。当你从一个项目转到另一个项目时，你要更新你的简历和自我介绍，让它体现你的最新状态，让它与你当前的工作和压力有更大的相关性。

作为项目的领导者，金出色地达成了从欧洲向印度转移业务的目标，这段经历帮助他加深了对不同文化的了解，提升了他的影响力。现在，对于在规模更大的不同的环境下工作，他有了更充足的自信。但他还是询问了一些印度同事对他所做工作的看法，有些人赞赏他快速理解困难问题的能力，这令他惊喜万分，一些欧洲同事认为他的方法直接又不失说服力。由于金认识到自己已经突破了信心的瓶颈，与从前相比，现在的他更乐于接受挑战，处理事务更加直接。

## 实践

- 花时间更新你的简历和自我介绍。
- 向那些认识你不久的人询问他们最看重你的哪些特质。
- 清楚你自己的领导力是如何提升的，一定要体现最新的特质，而不是过时的版本。
- 不要留恋过时的自我介绍。

# 98 抛弃过时的观念

是时候将对人和事的过时看法抛之脑后了。

## 理念

有些时候，我们需要成长，摈弃过时的观念。在英国政府当公务员的头十年里，我都觉得自己还是一个来自约克郡的毛头小子，总是想方设法追上别人的步伐，因为他们的教育水平比我高，生活条件也比我优越。在我担任时任英国内阁大臣马克·卡莱尔的首席私人秘书期间，他曾开门见山地告诉我，我已经是一名高级干部，所以应该摈弃对自己和他人的过时看法。他告诉我，既然有机会走向领导者岗位，我就应该紧紧地抓住它，这对我来说是一个非常关键的时刻。不过，我仍然珍视我的约克郡出身，我把这当作一种优势，而不是什么难于启齿的事情。

我们可以承认自己对某些事情不擅长，我们也许觉得自己不擅长演讲，自己不能和某些类型的人有效沟通。但是，我们有必要扪心自问：这些观点是不是已经过时了？在最近的几次演讲或者与难相处的人的几次会面中，我们是不是有了一些新的进步？这些进步可能比我们认为的明显得多。

如果我们认为自己不擅长主持会议，就应该抓住机会，从主持小规模会议开始，然后慢慢地主持一些较大规模的会议，这样，我们就会发现自己当初的观念已经过时了。

凯西反思了自己在一家保险公司领导变革项目期间的发展历程，她发现，在与高管打交道的过程中，她的自信有了显著的提升。她以前一直觉得这些高管远离基层，擅长分析却冷酷无情。不过，她对这些高管的最新认识是，他们确实擅长分析，但也能看到人力资源和财务层面的问题。凯西发现，只要与他们达成一致的看法，他们对项目的投入就会超出她的期望。所以，凯西需要摈弃一种过时的观念，即高管们都是高不可攀且冷酷无情的。另外，她也得抛弃一个对自己的过时观念，那就是她不会在私人层面与高层进行有效沟通。

## 实践

- 回顾你对人和事情的看法的演变历程。
- 重新定义你对领导层的看法。
- 一定要不断更新你对自己的看法，摈弃过时的观念。

# 99 保持开放的心态

不要让自己为满足别人的期望而活，要对未来的可能性保持开放的心态。

## 理念

当你成功完成一个项目时，你可能会感觉振奋不已，希望在将来继续做出同样出色的表现。另外，你可能认为自己已经在某个特定的领域积累了足够多的经验和名声，所以希望挑战一些不一样的工作。此时，你的老板或组织里的其他人可能看到了你的特长，所以试图引导你朝某个具体的方向发展。他们可能在你身上看到了未来担任某个职务的潜质。

但是，你非常有必要在考虑别人观点的同时，思考自己接下来要做什么，关键是接下来做什么完全取决于你自己。不要因为过度在意别人的期望而选择他们为你指定的方向。当你感受到别人对你寄予厚望时，你必须先冷静下来，好好地反思一下，找几个了解你的人聊聊，然后再做决定。

通过更新自我介绍和抛弃过时的观点，你会看到新的可能性，所以，你需要保持开放的心态，勇于探索各种可能性。即使你的老板对你有具体的期望，但是一个为下属着想的好老板希望看到的是，你能在工作、职业生涯和个人考虑方面得出自己的结论。

不要觉得自己的技能和兴趣只适用于某个具体类型的岗位，相反，你要让自己觉得，这些技能和兴趣在任何岗位上都是通用的。例如，在领导项目的过程中，你提高了自己的影响力技能，所以问题就变成了：我怎么才能把这些技能有效地应用在各种不同的环境中？

海伦对IT转型项目的成果非常满意，因为很多人都认识到了变革带来的好处。他们非常感激海伦，是她用决心和意志推动他们接受新的工作方式。IT转型项目顺利竣工的第二天，海伦的老板表示希望她到组织的另一个部门去领导一个类似的项目。但是，海伦想好好思考一下如何才能把她的转型技能应用在更广阔的平台上。在成功完成这个项目后，海伦可以找份在总部的工作，也可以在IT以外的部门领导一个变革项目，也许，是时候换一家完全不同的组织了。

不过，海伦决心保持开放的心态，与几个值得信赖的朋友一起仔细思考不同的可能性，列出每个选项的利弊。她没有仓促做出决定，毕竟在成功完成这个项目后，她在职场上并不发愁找到下家。

## 实践

- 如果别人的期望迫使你选择自己不喜欢的发展方向，一定要谨慎。
- 给自己一些时间，不要仓促对下一步做出不可改变的决定。
- 把你的技能看作是通用的，而不局限于某一种类型的工作或领域。
- 在缩小选择范围之前，先考虑各种不同的可能性。

## 100 知道自己领导变革项目的原因

永远要清楚你领导变革项目的原因。

### 理念

在你朝下一个目标迈进之前，你有必要思考一下自己为何会担任变革项目的领导者。你可能会说，这首先是个偶然，其次是自己的选择，最后是由于别人的决策。你可能觉得自己是个被动者，或者你可能会有一种使命感或天职感。你之所以愿意领导变革项目，可能是为了挣钱养家和支付开销。

在有机会建设性地影响别人和环境的时候，你有必要思考一下自己领导变革项目的原因。也许，你从心底里想要为处于困境中的人带来希望，帮助他们拥抱新的生活。

又或许你之所以走上项目领导者的岗位，是因为你想塑造自己的性格和决心，你可能对自己的人性有了更深的了解，学会了如何创建一个能提高人们效率的社区，让他们获得了成就感，而且能够创造出对更多人有利的成果。

也许到了继续前进的时候，你的初衷可能完全不一样了，你需要选择自己的方法和态度。你接下来要担任的职务可能由别人决定，但是你可能有机会对这些决定施加影响。不论接下来的职位是什么，你都可以选择如何利用之前的经验，如何运用最近学到的知识，以及如何践行那些对你的未来最重要的价值观。

鲍勃不断提醒自己，他所领导的重建项目能创造更多工作岗位，还能改善环境，他能够非常直观地看到自己的工作所能达到的成果，这给了他极大的个人满足感。随着重建项目的顺利竣工，鲍勃需要仔细思考下一步工作安排：如果领导另一个重组项目，他将有机会在已有经验的基础上做得更好，这会给他带来巨大的满足感，但就目前来说，他可能更希望到这个国家的另一个地方领导一个重建项目。

他一直对领导重建项目有一种强烈的使命感，刚完成的这个项目让这种使命感更加强烈了。在考虑新的工作机会以及与自己信任的一些人交谈时，鲍勃一直对增强这种使命感的不同方式保持着开放的心态。

### 实践

· 客观地认识到，你之所以担任某个具体的职务，可能因为这是你自己的选择，还因为别人的决策，以及一些偶然因素。

· 仔细思考自己的任何使命感，反思自己最近的经历是如何增强这种使命感的。

· 清楚自己能给新环境带来的希望和新生活。

# 彼得·肖的著作

·《向耶稣学习当领导者》：格罗夫出版社（剑桥），2004 年。

·《关键对话：如何有效沟通》：连续体出版社（伦敦），2005 年。

·《领导力 4 要素：愿景、价值观、增值和活力》：顶点出版社（奇切斯特），2006 年。

·《第二次寻找你的未来》：达顿、朗曼和托德出版社（伦敦），2006 年。

·《商业教练：通过有效沟通达成实际成果》：顶点出版社（奇切斯特），2007 年（与罗宾·林内卡尔合著）。

·《艰难决策：如何果断完成业务》：顶点出版社（奇切斯特），2008 年。

·《合理决策：基督教对领导者决策的看法》：维真学院出版社（温哥华），2009 年。

·《提高竞争力：职场成功宝典》：顶点出版社（奇切斯特），2009 年。

·《全球职场中的成功基督教领袖》：正品/佩特诺斯特出版社（科泉市），2010 年。

·《决定性时刻：企业与组织生涯指南》：帕尔格雷夫/麦克米

伦出版社（贝辛斯托克），2010 年。

・《思考的领导者：静即是动》：坎特伯雷出版社（诺里奇），2011 年（与艾伦・史密斯合著）。

・《职场成功宝典：如何在充满挑战的时代保持动力和取得成功》：马歇尔・卡文迪许出版社（新加坡），2011 年。

・《保持平衡：领导和管理》：马歇尔・卡文迪许出版社（新加坡），2013 年。

・《高要求时代的领导力》：格罗夫出版社（剑桥），2013 年（与格雷厄姆・肖合著）。

・《新领导者：提升领导力》：坎特伯雷出版社（诺里奇），2013 年（与科林・肖合著）。

・《100 个伟大的个人影响力理念》：马歇尔・卡文迪许出版社（新加坡），2013 年。

・《100 个伟大的教练理念》：马歇尔・卡文迪许出版社（新加坡），2014 年。

・《赞美理智》：ISPCK 出版社（德里），2014 年。

・《持续性领导：增添你的优势和活力》：坎特伯雷出版社（诺里奇），2014 年。

・《成功团队的 100 种理念》：马歇尔・卡文迪许出版社（新加坡），2015 年。

・《醒来做梦》：坎特伯雷出版社（诺里奇），2015 年。

・《走向成功的 100 种理念》：马歇尔・卡文迪许出版社（新加坡），2016 年。

・《不情愿的领导者：走出阴影》：坎特伯雷出版社（诺里奇），2016 年（与希拉里・道格拉斯合著）。

·《卓越领导的100种理念》：马歇尔·卡文迪许出版社（新加坡），2016年。

·《与永无止境的期望共处》：维真学院出版社（温哥华），2017年（与格雷厄姆·肖合著）。

·《用心的领导者：应用基督教原则》：坎特伯雷出版社（诺里奇），2018年。

·《极限领导力：自由和责任》：坎特伯雷出版社（诺里奇），2019年。

·《领导克服挫折的100种理念》：马歇尔·卡文迪许出版社（新加坡），2019年。

**小册子**

·《穿越急流》：普雷斯塔出版社（伦敦），2008年（与简·斯蒂芬斯合著）。

·《抓住未来》：普雷斯塔出版社（伦敦），2010年（与罗宾·欣德尔·费希尔合著）。

·《生动的领导力：终极平衡》：普雷斯塔出版社（伦敦），2011年。

·《敏捷时代》：普雷斯塔出版社（伦敦），2012年（与史蒂芬·威格泽尔合著）。

·《了解乐谱：音乐和音乐家可以教会我们什么》：普雷斯塔出版社（伦敦），2016年（与肯·汤普森合著）。

·《韧性团队》：坎特伯雷出版社（伦敦），2017年（与希拉里·道格拉斯合著）。

# 作者简介

彼得·肖致力于帮助个人、团队和组织发展优势，并有效地处理棘手的问题。他的目标是帮助个人和团队明确想要实现的愿景，定义驱动他们的价值观，确定希望实现的附加值，以及找到他们活力的源泉。

他一直致力于研究如何胜任要求严格的领导者角色。2011 年，切斯特大学向他授予了博士学位，作为对他在这方面研究工作的认可。

彼得是普雷斯塔合伙人公司的创始合伙人，普雷斯塔合伙人公司是一家国际化的专业辅导公司。彼得擅长与客户进行坦诚、富有挑战性的谈话，从中碰撞出新的思路和见解。这些充满活力的谈话能帮助客户进行创造性的反思，并确定新的行动方案。他经常与刚刚上任并且领导大型组织变革项目的首席执行官和董事会成员共事，他曾经与许多领导团队共同应对新的挑战。

彼得已经与来自六大洲的许多不同部门和国家的首席执行官和高管团队合作。他开设过许多主题研讨会，比如“驾驭激流”“把握未来”“职场晋升”“成为敏捷领导者”和“建立韧性”等。

彼得还担任过各种董事会职务，包括财务、人事、政策、沟通和交付方面。他曾先后在英国的五个政府部门（财务部、教育部、就业部、环境部和交通部）任职。他曾成功完成多个国家级变革项目，比如教师薪酬改革、幼儿园教育的大规模扩张，以及一系列就业促进项目，把英国失业人口降低到了100万人以下。

他领导完成了英国教育部和就业部的合并。作为财务总干事，他管理过400亿英镑的预算，在筹资和问责制度方面推行了彻底的改革。在先后担任三个部门的总干事期间，他领导制定并实施了一些重大政策战略。2000年，凭借在公共服务领域做出的贡献，他被英国女王授予英国皇家勋章。

彼得著有26本颇有影响力的领导力书籍。他是纽卡斯尔大学、切斯特大学和德蒙福特大学的领导力发展课程客座教授。他曾与布莱顿大学、爱丁堡大学和赫里奥特瓦特大学的高级研究员以及沃里克大学商学院和达勒姆大学的研究生合作。他是温哥华维真学院客座教授团的成员，是达勒姆大学圣约翰学院的教授级研究员，2015年，达勒姆大学授予他荣誉博士学位（民法博士），表彰他“为公共生活和圣约翰学院理事会做出的杰出贡献”。

彼得还是英国圣公会的一名牧师，曾与英国、北美和亚洲的高级教会领袖合作。彼得是吉尔福德大教堂理事会主席。2016年12月，作为对他对英格兰教会贡献的认可，彼得被安葬在吉尔福德大教堂。

彼得的灵感来自长途步行。他完成了秘鲁马丘比丘小径的长途步行。他在英国完成了28次长途步行，包括圣库斯伯特路、南唐斯路、约克郡沃兹路、约克郡山谷路、里伯路、斯佩塞德路、圣奥斯瓦尔德路、大格伦路和威斯特摩兰路。彼得和妻子弗朗西斯有三个已经长大成人的孩子，三个孩子都已成婚，彼得的孙子孙女也越来越多。